【文庫クセジュ】

フランスの温泉リゾート

フィリップ・ランジュニュー＝ヴィヤール著
成沢広幸訳

Que sais-je?

白水社

目次

序論

「退屈とは、いったん発明されてしまったら二度と発明できないものなのですよ」

アーサー・ケストラー[1]

医学に助けを求める人びとの治療と回復を可能にする方法についての議論は、新たな病気の発見と新たな治療技術の導入によって絶えず提起されてきた。

（1）ハンガリー生まれのイギリスの作家、評論家（一九〇五～八三年）、『絶対の探求』〔訳注〕。

病気と、病気の対極にある治療法に関する科学的な努力は、シジフォス[1]とその岩のような無限の繰り返し、つまり、希望と失望とさらなる希望の絶えざる繰り返しの運動のように思える。

（1）ギリシア神話中の人物。運び上げても転げ落ちる岩を山頂へ運ぶことを永遠に繰り返すという劫罰を地獄で受ける。徒労の象徴〔訳注〕。

この無限の競争のなかで、温泉医学はつねに先を越されてきた。つまり、温泉の効能の発見はあまりに古いものであったため、少しずつ取るに足りないものになってしまったように見えるのである。変革の名のもとに登場した科学は実際、長続きする方法の成功に安住することはほとんどないのである。科学はそうした安定的な方法よりも革新的な技術の探求のほうを好むのだ。

もはやアスピリンについて書かれないように、温泉療養についてもほとんど書かれることはない。定刻に到着する列車のように、あるいは開花する蕾のように、人を癒すのが当然のものに、くだくだしいコメントは必要ないのである。

いわば温泉療養は、その医学的成功の犠牲となったのである。

こうした状況は、もっぱらフランスだけに起こっているというわけではない。古典古代に誕生した国際的な医学である温泉療養は、スイスやオーストリア、バルカン半島やコーカサス地方、イタリア、ドイツ、アルジェリア、チュニジア、モロッコなどで実践されているからである。

ジャン・ベルナール教授は、アメリカでの実践によって温泉療養の信頼性が高められなかったことを遺憾としている。(1)アメリカでは世界で最も優秀な医師たちが誕生しているとしても、実際にはその医学は、地中海地域において温泉源の利用に好適な亀裂を形成した第三紀の地殻運動を重視しなかったのである。

（1）ジャン・ベルナール『問題なのは人間だ』、オディル・ジャコブ書店、一九八八年。

そうした地殻運動によってフランスではすばらしい豊かな鉱水に恵まれ、こんにちでは一二〇〇カ所ちかい公認源泉を数え、四〇の県にわたって分散する一〇五カ所の温泉リゾートの開発が可能となった。

この豊かさと多様性は明らかな切り札である。泉質のさまざまな性質は、含有鉱物質の多少ないしは特殊性[1]によって、子供の発育障害からリューマチに至る一二種類ほどの病気治療を可能にする、かなり幅広い手段を医学に与えている。

（1）ミネラル分が多い、少ない、特殊、というこの化学的な三分類は、デュラン・ファルデルとヴィエムによる研究ののちに採用された。

素人の目には一見したところ同じに思える一つの要素によって与えられるこのような多彩な利用法は、技術というよりも魔術に似ているかもしれないというのは確かである。実際には、各温泉リゾートの医学的特性は、それぞれの泉質の特性と同じく、もはやいかなる偶然も入り込むところのない経験と研究、管理、成果から生まれている。

フランスでは一七八一年五月七日の国務諮問会議の決定以来、温泉の効能は政府が認めるものとなっている。この決定は源泉を発見したあらゆる所有者に、その検査と利用法の決定のために「王立医学協会にその旨を知らせる」ことを命じていた。

このとき以来、温泉療養の医学化は絶えず進展してきた。この医学化は、一定の温泉療養費を社会保障によって支払うことを認めた一九五〇年一月五日の労働省の通達によって強化された。こんにちではフランスにおける温泉療養の九〇パーセント以上が医師によって処方され、そうした治療が実際には一〇〇パーセント医学的管理のもとで行なわれているという状況に達している。

世論はまだこの新たな現実を充分に理解していない。世論はだいたいにおいて温泉療養をナポレオン三世風の豪奢と結びつけ、また温泉町をロマン派の時代、ないしはベルエポックを懐かしむ特権階級専用の場所と結びつけているのである。

しかしながら競馬場やカジノ、一八ホールもの広さのゴルフ場、そのほか富や奢侈の要素と見なされるような特徴を持つフランスの温泉リゾートはまれなのだ。

フランスの温泉療養は基本的には医学に則っている。そこにこそフランスにおける温泉療養の主要な切り札が存在するのであり、また同時にその最大の弱点も存在する。

いくつかの数字をあげるだけでこの切り札について説明するには充分である。実際、一九五五年以来、ほとんど右肩上がりで増えてきた温泉療養客と温泉リゾートの数は、この活動分野の活況を示している。

療養者数は一九五五年の三二万人から一九八九年の六四万人へと、温泉リゾート数（一〇五ヵ所）が微増にとどまっているなか、拡大を続けてきた。

しかしながら、健康づくり施設に対する需要の高まりに直面して、温泉リゾートがまったく予見もできなければ、そう望みもしなかったような弱点が現われてきた。

この場合に問題になるのは温泉リゾートの将来なのだろうか、それとも温泉療養からの逸脱なのだろうか。

こうした変化の背景について絶えず考察が行なわれているにせよ、治療客のほうはそんなことにはお構いなしである。タラソテラピーの成功、フランスや外国での健康づくり施設を訪れる人びとの顕著な増加にしたがって、二種類の再検討が行なわれた。

まず最初は、社会的事実の再検討であり、これは社会の現実を受け入れるためである。二番目は、基本的には障害や疾病の治療に向けられる温泉療養の再検討である。これはそうした障害や疾病を予防する温泉療養を受け入れるためである。

ドイツやイタリアなどヨーロッパ諸国の温泉リゾートでは、新たな需要に応えるために大規模な投資が行なわれた。フランスではそうした反応は鈍いように見える。

フランスのためらいは、ガリア人〔古代において現在のフランスにあたる地域に居住していた人びとの総称〕の心性から発する変化嫌いが原因なのだろうか、それとも鉱水の実際の品質〔医学目的以外には鉱水を使用してはならない〕に結びついた優越感情のせいなのであろうか。

流行というよりも明らかにに変化に基づいているこの新たな現象を前にして、フランスの温泉療養はこんにち、その見通しを定めねばならない。

フランスの主要な温泉地域では、[1] 最近一五年間に近代化投資や治療施設の設置や拡大のための投資が行なわれてきた。たとえばブルボン・ラルシャンボ〔オーヴェルニュ州アリエ県の温泉リゾート〕は一九七五年に、シャテルギュイヨン〔オーヴェルニュ州ピュイ・ドゥ・ドーム県の温泉リゾート〕とブルボーヌ・レ・バン〔シャンパーニュ・アルデーヌ州オート・マルヌ県の温泉リゾート〕は一九七七年に、エヴィアン〔プロヴァンス・アルプ・コートダジュール州オート・サヴォワ県の温泉リゾート〕とディーニュ〔プロヴァンス・アルプ・コートダジュール州アルプ・ドゥ・オート・プロヴァンス県の温泉リゾート〕は一九八〇年以来、エクス・マルリオーズ〔ローヌ・アルプ州サヴォワ県の温泉リゾート〕は一九八三年に、モンブラン〔ローヌ・アルプ州ドローム県の温泉リゾート。アルプスの最高峰とは別級〕は一九八五年に、ブリド・レ・バン〔ローヌ・アルプ州サヴォワ県の温泉リゾート〕は一九八六年に、ラ・レシェール〔ローヌ・アルプ州サヴォワ県の温泉リゾート〕は一九八七年に、ディヴォーヌ〔ローヌ・アルプ州アン県の温泉リゾート〕は一九八八年に、モンロン・レ・バン〔ローヌ・アルプ州ロワール県の温泉リゾート〕は一九八九年に、アルヴァール・レ・バン〔ローヌ・アルプ州イゼール県の温泉リゾート〕とヴィシー〔オーヴェルニュ州アリエ県の温泉リゾート〕、ネラック・レ・バン〔ローヌ・アルプ州アルデシュ県の温泉リゾート〕は一九九〇年に、そういった投資が行なわれた。

全体的にみると、フランス全国で一九八五年以来、需要に適した施設設備を治療客に供給するために、温泉の存在するコミューヌ〔日本の市町村にあたる地方自治体〕には、一日あたり二〇〇万フラン〔およそ三〇万ユーロ〕近くが投資された。

(1) ローヌ・アルプ、オーヴェルニュ、ヴォージュ、ミディ・ピレネー、アキテーヌ、ラングドック・ルシオン。

こうした近代化の努力には、多くの温泉リゾートにおける研究センターの開設によって具体的な形をとる科学的投資への強い意志が働いている。

このようにフランスの温泉療養は、医学的信頼性と品質環境を保つために充分な備えを持っている。しかし、治療と受け入れ場所が近代化しても、嘆かわしいことに、治療を受けるために必要な社会保障の事務手続きの簡素化は行なわれていない。

この事務手続きの煩雑さは、裕福な治療客を相手にしたイタリアやドイツの温泉リゾートの魅力とは明らかに無縁のものである。さらにこの複雑な手続きによって、治療を受けようとするある種の病人が治療を諦めてしまうという事態に至っている。

きわめて逆説的ながら、フランスの温泉療養の原動力となった仕組みが、その発展を阻害するブレーキの一つとなっているのだ。

フランス人と役所は、いつまでたっても理解しあえないという問題は別にしても、この状況は、経済的であると同時に医学的な問題を引き起こしている。

　したがって、温泉療養はその大部分が、温泉療養を利用するのではなく、たいていの場合、温泉療養の制度に消極的な態度をとるように見える政府次第だということを想起しなければならない。

第一章　温泉利用の歴史、あるいは現在の温泉リゾートの基礎

学者にとって、あることが正しいがそれを証明できないということ以上に絶望的な状況を想像することは困難である。

A・ケストラー『ソクラテスのデーモン』

ほとんど六〇〇〇年ぐらい前から、人間は温泉の恩恵を知っていた。必ずしも温泉の効能についてではない。源泉の発見からその引湯まで、ついで娯楽目的による温泉利用まで、そして最後に医学的な利用にまで至る長い道のりは、疑いなく自然資源を最大限に利用するわれわれの根気を最もよく証明するものの一つである。

Ⅰ　温泉の発見と初期の利用

1　不思議な揺籃期

温泉療養の起源を特定したり、最初の温泉施設の建設年代を特定しようとする試みは無謀である。しかしながら温泉は、紀元前三千年紀ないし四千年紀にはエジプトで利用されていたと考えることは、幾人かの研究者の研究から可能ではある。

エトルリア人〔紀元前八世紀以前からイタリア半島に定住していた民族。高い文明を誇ったが、ローマに滅ぼされた〕はしばしば「温泉療養の発明者」と見なされている。源泉の周囲の贅沢な施設と、鉱水の調査・研究・管理を行なう役職の設置は実際、温泉療養の最初の組織についての疑いえない証拠のように見える。

カルタゴ人とギリシア人は温泉を開発し、ギリシア人はその効能を記録している。

ヘロドトスは温泉療養の期間を記しているが、彼によるとそれは三週間続けねばならない。

ヒポクラテスはいくつかの病気治癒を説明する理由を見出し、温泉中の鉱物質の含有率が高ければそれだけ沸騰が遅くなるということを確認した。

アリストテレスやホラティウス、セネカなどのように、ある病気を治すにはこの温泉というように、温泉の役割を定めたものもいた。[1]

(1) E・H・ギタール『鉱水の輝かしい過去──起源から一九五〇年までの温泉療養と鉱泉学の歴史』、パリ、薬学史協会、一九五一年、三二四頁。

(A) ガリア地方とローマ人

しかし、温泉利用の重要性を意識しはじめた証拠は、実際にはガリア時代と、源泉付近での歴史的遺構の発見を待たねばならない。

そうした温泉施設の跡というのは、とくに井戸の周辺で発見される多くの遺物の存在で確かめられる。というのもそうした温泉利用は、分析に基づくというよりも、魔術や迷信ないし信仰に基づいていたからである。大地の奥底から噴出する源泉は神秘的なのだ。

熱気、沸騰、硫黄特有の臭気などが、こうした温泉水をある種超自然的なものとした。

ガリア人はケルト人の源泉の神であるボルヴォを崇拝し、当時、温泉利用はボルヴォの礼拝に結びついていた。奉納された小像は源泉の神々や、治癒祈願の対象である体の一部をかたどっている。源泉が持つと考えられた力へのこのような敬意の表わし方は、治癒能力を持つ温泉に病人を委ねた古代の温泉の歴史では普通のことであった。

源泉の数と、大きな信仰の対象となっていた温泉の場所を正確に知ることは困難である。それというのもローマ人の侵入によって温泉の数は増加し、組織化されたのだから。

広く認められた経験を持つ専門家（医者、技師、商人）は、新たな方法を用いてフランスに温泉施設を建設した。

そうした動きの理由は多く挙げられる。たとえばガリア地方には多くの豊かな源泉があったし、疲労した兵士や病人に、新たな征服に備えるための養生を許したカエサルの意志もあった。

たとえばサントノレ・レ・バン〔現ブルゴーニュ州ニエーヴル県の温泉リゾート。古代名アクアエ・ニシナエ〕はそうした人びとが利用し、一八九〇年には次のように報告されている。「ローマによる征服のはるか以前から庶民に人気のあったアルバンダタは、その鉱物質の温泉で有名であった。伝説を信じるならば、その温泉の評判はきわめて高かったので、カエサルは副官のアントニウスに命じて、ハンセン病に罹患した兵士たちをそこに送り込んだということである。その後（ローマ歴七〇二年）、カエサルは源泉の場所に壮麗な温泉施設を建設したが、このためにガリアのこの古い町はもとの名を失ってアクアエ・ニシナエと呼ばれることとなったのである」[1]。

（1）L・グルニエ（編集）『フランスの温泉町』、パリ、フランス建築協会、一九八四年、三四六頁。

この時代はガロ・ロマン人〔カエサルによるガリア征服からメロヴィング朝クローヴィス一世のガリア再統一（五

世紀）まで、この地域に居住した人びとの総称）の温泉利用にとっては幸運な時代であった。二十世紀初頭のフランスの温泉リゾートの大部分がこうしたガロ・ロマン時代の活動にまで遡ることができる。

かくして次のような土地では、ガロ・ロマン時代の多少なりとも重要な遺構や浴場跡が発見されてきたし、いまでも時折発見されるのである。エクス・レ・バン、アメリ・レ・バン[1]、バン・レ・バン〔ロレーヌ州ヴォージュ県の温泉リゾート〕、バラリュック〔ラングドック・ルシオン州エロー県の温泉リゾート〕、ブルボン・ランスィ〔ブルゴーニュ州ソーヌ・ロワール県の温泉リゾート〕、ブルボン・ラルシャンボ、ブルボーヌ、カンボ・レ・バン〔アキテーヌ州ピレネザトランティク県の温泉リゾート〕、カプヴェルヌ・レ・バン〔ミディ・ピレネ州オート・ピレネ県の温泉リゾート〕、シャテルギュイヨン、ショードゼーグ〔オーヴェルニュ州カンタル県の温泉リゾート〕、ダクス〔アキテーヌ州ランド県の温泉リゾート〕、ディーニュ、ディヴォヌ・レ・バン、エヴォー・レ・バン〔リムーザン州クルーズ県の温泉リゾート〕、グレウー・レ・バン〔プロヴァンス・アルプ・コートダジュール州アルプ・ドゥ・オート・プロヴァンス県の温泉リゾート〕、ロン・ル・ソーニエ〔フランシュ・コンテ州ジュラ県の温泉リゾート〕、リュション〔ミディ・ピレネ州オート・ガローヌ県の温泉リゾート〕、リュクスイユ〔フランシュ・コンテ州オート・ソーヌ県の温泉リゾート〕、ル・モン・ドール〔オーヴェルニュ州ピュイ・ドゥ・ドーム県の温泉リゾート〕、ネリ・レ・バン〔オーヴェルニュ州アリエ県の温泉リゾート〕、プロンビエール〔ロレーヌ州ヴォージュ県の温泉リゾート〕、ロワイヤ〔オーヴェルニュ州ピュイ・ドゥ・ドーム県の温泉リゾート〕、サンタマン・レゾー〔ノール州ノール県の温泉リゾート〕、サントノレ、サラン・レ・バン〔フランシュ・コンテ州ジュラ県の温泉リゾート〕、サントゥネ〔ブルゴーニュ州コート・ドール県の温泉リゾート〕、テルスィ・レ・バン〔アキテーヌ州ランド県の温泉リゾート〕、トノン・レ・バン〔ローヌ・アルプ州サヴォワ県の温泉リゾート〕、ヴィシーなどである。

（1）ラングドック・ルシオン州ピレネゾリヤンタル県の温泉リゾート。正式名、アメリ・レ・バン・パラルダ。旧名はレ・バン・ダルル・スュル・テシュ。七月王政のルイ・フィリップ王のアメリ妃にあやかり改名した〔訳注〕。

このように源泉の周囲にすでに建てられていた浴場、サウナ室、プール、多くの多機能空間、さまざまな付属室、豪華な施設、近辺の別荘などは誕生しつつある商業の萌芽であったが、そこでは揺籃期のホテル業も発展しつつあった。

兵士以外にも裕福な市民や病人はシーズンのあいだ、温泉の効能に浴した。

この時期にローマ浴場の「硫黄の」イメージが出現するが、これは過大評価されるか否かにかかわらず数世紀にわたって存続する。初期において入浴は男女別々であったとはいえ、すぐに男女は同じ浴槽で混浴するようになり、このことは陽気な放蕩を引き起こした。このようにして温泉は新たな評判を得たが、それはたんに病気を癒すという、温泉の効能に由来するものとはほど遠いものであった。

（B）中世

中世の遺構の数は少ない。この事実を説明する理由は主として二つある。四世紀に始まる蛮族の侵入とローマ帝国の没落によって、概して中世は温泉施設への熱意が少なくなった時期として考えられている。そうした場所の豪奢と富は、移動する蛮族が略奪を行なう格好の標的であった。そして、メンテナンス不足によって大部分の温泉地は次第に荒廃したからである。

この時期、その役割を保った温泉地も存在したが、多くの温泉地は不可避の忘却のなかに沈み込んでいった。そのなかでおそらくエクス・レ・バン、バルボタン・レ・テルム〔現ミディ・ピレネ州ジェール県の温泉リゾート〕、カンボ・レ・バン、テルスィ・レ・バンなどは、ひきつづき利用され、ある程度の人出があった。

ついで地方領主から温泉施設の運営を委託されていたキリスト教教会が次第に、温泉療養と結びついていた古代の神々を排除しはじめる。

実際、温泉での治療は、教会の目から見れば受け入れがたい魔術に属していたのであり、教会はそれに対抗して温泉を管理し、温泉近くに礼拝所を建てることも推奨していた。

たとえば、温泉地の泥土にきわめて近いバルボタン・レ・テルムでは、教会はピロティの上に建てられているほどである。グレウー・レ・バンではモンマジュール〔現プロヴァンス・アルプ・コートダジュール州ブシュ・デュ・ローヌ県アルル近郊の町〕のベネディクト会修道士が小修道院を建て、源泉をキリスト教信仰に結びつけ、その使用を管理していた。アメリ・レ・バン〔もとの名称はレ・バン・ダルル・スュル・テシュ〕は七八六年にシャルルマーニュによってベネディクト会に譲渡された。同様に、ヴィシーの温泉のまわりにもサンタリール〔現オーヴェルニュ州アリエ県ヴィシー近郊〕やクレルモン・フェランのベネディクト会修道士が修道院を建設した。その反対にサントノレでは、近隣の小修道院の修道僧たちがガロ・ロマン時代の温泉を埋めてしまい、迷信に毒されすぎていると判断された慣習に終止符を打った。したがって教会は、そうした場所の風紀をただすことを試みたのであり、温泉利用には付き物の追加的な整備事業にはほとんど乗りださなかった。

十三世紀には変化がゆっくりと起こり、温泉療養や温泉水の利用条件などが変わっていった。十字軍が帰還してきたが、東洋風の風呂は領主たちに消しがたい思い出を残した。

それに遠征先で病気にかかった病人たちのなかには温泉で心身を癒すものもいた。このようにして一二六〇年に聖王ルイ九世はアクス・レ・テルム〔現ミディ・ピレネ州アリエージュ県の温泉リゾート〕にラドル温泉を建設させ、パレスティナでハンセン病に罹患した兵士専用とした。

聖職者は、ある種の温泉施設を地元の共同体や民間の地主に売却しようとしていた。十五世紀には共同体が温泉管理に乗りだす。所有者〔領主、共同体、個人〕ごとに定められた施設への規制が多くなるのがその証拠である。温泉への関心は明白である。

次第に温泉施設は、新たな所有者の圧力のもとで組織化されてくる。雇用は増加し、同時に専門化する。規制は改善され、医学的な監視が導入される。諸外国の温泉地と比較しても、フランスのこの動きは例外ではないことがわかる。

2　関心の復活と組織的な取り組みの開始

(A) ルネサンスからフランス革命まで

ルネサンスとともに温泉療養の復活が各地で見られたが、この時期は入念に古代を模倣しようとしたのだった。

宮廷の温泉療養——十六世紀になると、著名な文学者についても習慣においても、温泉療養に有利な新たな嗜好を見分けることが可能となる。

ラブレーとモンテーニュは、いくつかの温泉地を訪れたあと、温泉の効能と長所に敬意を表し、絶賛した。一五四二年にカトーリーヌ・ドゥ・メディシス〔アンリ二世妃（一五一九〜八九年）。イタリアのメディチ家出身。フランソワ二世、シャルル九世、アンリ三世の母親〕は、不妊治療を試みるためにブルボン・ランスィで湯治を行なった。

アンリ二世はオー・ボーヌ〔現アキテーヌ州ピレネザトランティク県の温泉リゾート〕とプーグ・レゾー〔現ブルゴーニュ州ニエーヴル県の温泉リゾート〕で養生したが、アンリ三世はブルボン・ランスィやプーグを好んだ。すでにアンリ三世がブルボン・ランスィやブルボン・ラルシャンボでのように、いくつかの温泉地の改善に介入していたことは明白である。

一六〇五年のアンリ四世の決定は、フランスにおける温泉利用にとって画期的であった。アンリ四世は、エクス・レ・バンやバルボタン、レゾー・ショド、ユージェニー・レ・バン〔現アキテーヌ州ランド県の温泉リゾート。温泉自体は古代から湧出しているが、名称はナポレオン三世のユージェニー皇后にちなむ〕、プーグ・レゾーを含む多くの温泉地を訪れたり、滞在したりしたという。

アンリ四世は治世の初期、侍医たちにいくつかの温泉を不規則な形で監督させたとはいえ、フランスの温泉と鉱泉の総監制度を設けて、フランス全土でこの検査体制を組織化しようとした。開封勅許状の前文は、国王の決定と、この自然の与えた富を仔細に検査する目的とを説明している。「それによってわれらの王国を他のすべての王国よりも優位に立たせることが、神のおぼしめしにかなうような恩寵と恵みのなかで、民衆の健康を確かなものにし、それを維持することは、ふんだんに存在する温泉や鉱泉がそうであるように、われらの主要目標の一つである。これはすべての臣下の身近にあり、また行くことのできるところなのでいっそう大きな推奨の理由となるのである。

しかしながら、それが豊富に存在するからといって最も有用なもの自体が軽く見られてしまうように、いわゆる温泉や鉱泉を探査することでできる限りこうした恩寵を増やそうとしたり、獲得したものを維持しようとすることに不熱心なわれらの家臣は、そうした温泉や鉱泉を衰退するままに放置している」[1]。

（1）アルマン・ヴァロン『温泉町の日常生活、一八五〇～一九一四年』、パリ、一九八一年、二〇～二一頁。

この役割は王の主席侍医であるラ・リヴィエール〔ジャン・ドゥ・ラ・リヴィエール（?～一六〇五年）、レザルシアートル伯爵（王の主席侍医に与えられる名称）〕に託されたが、彼は各州ごとに温泉監督官（医師）を任命し、自分の任務である監視や調査、活動のコントロールなどを補助させた。こうした活動によってフランス王国は「温泉問題担当」の行政機関を設置したことになる。このような温泉の公認は温泉療養に対する国家の増大する関心の現われである。温泉監督官は源泉を発見し、特性を検査し、それらを保護し、温泉施設の良好な働きを監視するという役目を負っていたので、その任務は重要であった。彼らはまた、主席侍医や地方当局に自分の意見を上申することもできた。

こうした組織は、ルイ十三世のもとでも（ブヴァール〔シャルル・ブヴァール（一五七二～一六五八年）、ルイ十三世の侍医、レザルシアートル伯爵〕によって）、またルイ十四世のもとでも（ダカン〔アントワーヌ・ダカン（一六二〇～九六年）、一六四一年からルイ十四世の主席侍医、レザルシアートル伯爵〕、ついでファゴン〔ギ・クレサン・ファゴン（一六三八～一七一八年）、ダカンのあとのルイ十四世の主席侍医、レザルシアートル伯爵〕によって）引き継がれた。きわめて活動的な温泉監督官の活躍によっていくつかの温泉地の発展が見られたというのは確かである。

そのうえ、王や従臣はしばしば温泉に出かけた。彼らは源泉からの引湯方法の質を向上させ、環境を洗練させ、施設建設を促した。

一六九七年にサンタマン・レ・バンでルイ十四世はヴォーバン〔セバスティアン・ル・プレストル・ドゥ・ヴォーバン（一六三三〜一七〇七年）、築城家として名高い〕に命じて新たな施設を建設させた。

同様にルイ十五世の侍医であるローラン〔ルイ十五世の侍医団のなかにこの名前は見えない〕の指導のもとで、カステラ・ヴェルデュザン〔現ミディ・ピレネ州ジェール県の温泉リゾート〕において源泉からの引湯や施設の建設への補助がなされた。

温泉地のなかにはとくにブルボン・ラルシャンボやフォルジュ・レゾー〔現オート・ノルマンディー州セーヌ・マリティム県の温泉リゾート〕、プーグ・レゾーなどのように非常に混みあうところもあった。

初期の療養者たちは、自分の滞在について語ることをいとわなかった。たとえば一六五六年のフォルジュ・レゾーでは、「遅くとも六時に起床。飲泉場に向かう。鉱水を飲みながら散歩をする。大勢の人びとがいる。お互いに話しかける。カプチン会修道院の庭園まで散歩に行くが、そこではあらゆる人びとに出会える。ミサに出て、衣服を替えるために戻る。午前はラティネ織と毛皮、昼食のあとはタフタ織を着る（昼食は正午に摂る）。人びとは訪問しあったり、ルーアンからやってきた劇団のコメディーを観たりする。六時に夕食。再びカプチン会修道院まで散歩。九時に就寝[1]」とある。

（1）アルマン・ヴァロン「かつての飲泉療養者」、フランス建築協会、前掲書、一七〇頁。

同様にセヴィニェ侯爵夫人が娘のグリニャン伯爵夫人に充てた手紙は貴重なもので、ある種単調な時間割があったことを裏づけている。一六七六年、彼女は初めてヴィシーに治療のため赴いたが、到着の二日後にこう書いている。「愛しい娘よ、私は今朝鉱水を飲みました。それがまずかったことといったら！（……）六時に飲泉場に行きます。皆がそこで出会うのです。鉱水を飲んで、顔色がとても悪くなります。だって想像してごらんなさい、鉱水は沸騰していて、とってもいやな硝石の味がするのよ。引き返したり戻ったり散歩したりミサに行ったり、鉱水を吐き出したり、親密な様子で話したりします。昼まではそんなことをして過ごします。それから昼食を摂ります。そのあとは誰かの家に行きます。今日は私の家でした。（……）この村のお嬢さんたちがフルートを持ってやってきました。ブーレをとっても上手に踊るのよ。（……）けれど結局五時にはこのすばらしい村を散歩します。七時に軽く夕食を摂ります。一〇時には就寝します。一二杯の鉱水を飲みました。少しばかりお通じがよくなりました。それが望みのすべてです。あと何日かしたらシャワーを浴びることになります[1]」。

（1）セヴィニェ侯爵夫人『書簡集　五月・六月、一六七六年』、プレイヤード叢書。

このような温泉地での一日の時間割は、時代が変わってもあまり変化しなかった。たとえば午前になされる治療、散歩、静かな時間を利用しての読書、観劇、交際などのおもな内容は、引き続き変わりなく行なわれた。

入浴は最初から治療の基本であったが、現在では鉱水の摂取が一貫した治療にとって不可欠になっている。

十七世紀と十八世紀のあいだに、温泉療養の信頼性についての論争が起こった。その論争はやむことがなかった。温泉が科学的な治療かどうかを知るという基本的な問題は、しばしば矛盾する大学での調査や研究をもたらした。鉱水の特性に関する調査は不足してはいなかったが、さらに一六六六年には科学アカデミーでコルベールによって指導された調査が行なわれた。そのとき科学アカデミーは、フランスの全温泉の調査と採取されたすべての標本検査を決定したのだった。

政治的な浮沈に左右される温泉地――十八世紀になるとすべてが加速するように見える。多くの変化が温泉地で起こり、入手できる情報は増加していく。その証言も多くなっていく。

法律は温泉管理を最良の状態で行なわせる方向に向かう。

一七七二年四月二十五日、王の宣言に従って「王立医学委員会」が設立された。この委員会の三人のメンバーは「すでに知られているすべての温泉を、鉱水総監督官の資格で監視し、新たな温泉を発見するために必要な調査を行ない、温泉の効能と特性を決定するための分析を行ない、委員会に報告したのち、そしてすべてが検査され証明されたのちに公衆にその結果を公表する」任務を負っていた[1]。

（1）ギタール、前掲書、二六二頁。

同様にこの委員会は、国内の鉱水輸送についても監視しなければならなかった。これは無秩序な状態で発展しつつあったのだ。

一七七八年に修正が行なわれ、一七八一年五月五日の決定はこの任務を王立医学協会に移管した。このなかの何人かの委員には、源泉を売りだそうと望む人びとに営業許可状を発行する職務が委任された。十八世紀初頭、バラリュックでは源泉が保護され、その周囲に温泉施設が建てられたが、そこでは料金を払う客と施療院で手当を受ける現地住民との厳密な区別が存在していたように見える。

一七七九年にエクス・レ・バンでは円柱や浴場、シャワー室などを備えた温泉施設が建設された。散歩の場所もまた整備された。あらゆる療養者の受け入れが可能になるように、すぐにまた新たな工事が必要となるだろう。

バニェール・ドゥ・ビゴール〔現ミディ・ピレネ州オート・ピレネ県の温泉リゾート〕の成功は、分散した温泉（市内に三〇カ所以上の源泉が分散していた）のせいで完全な温泉複合施設を建設するには不向きであったとはいえ、衰えることがなかった。

十八世紀を通して病院の建設が増加した。たとえばプロンビエールではスタニスワフ一世[1]の慈善事業として病院建設とその周囲の整備が行なわれ、この村は美化された（一七四〇～六六年）。このポーランド王はバール〔現ロレーヌ州ムーズ県の一部〕とロレーヌの公爵領の領主であり、自分の領地にある源泉の拡大と改善にかなり力をつくした。バン・レ・バンでは温泉を再建し、散歩道沿いを緑化した。同様にコントレクセヴィルの鉱水を分析させて、そこに最初の温泉施設を作ったのだった。

（1）ポーランド王（一六七七～一七六六年、在位一七〇四～一一年、一七三三～三六年）。最初はスウェーデン、ついでフランスの支持を受けて二度ポーランド王に即位するが、いずれも友軍の敗退や自軍の敗戦などで退位を余儀なくされる。啓蒙思想の擁護者としても知られる〔訳注〕。

ガロ・ロマン時代のように、軍人は優先的に温泉の恩恵にあずかった。一七二七年以降、ブルボーヌでは軍病院が整備され、十八世紀を通じてその成功は大きくなるばかりであった。バレージュ〔現ミディ・ピレネ州オート・ピレネ県の温泉リゾート〕では、増大する軍人の要求に応えるために、多くの計画が次々に実現された。

一七七四年のシャルボニエール・レ・バン〔現ローヌ・アルプ州ローヌ県の温泉リゾート〕のように新たな源泉が発見された。

フランス革命は、温泉地にも無視できない影響を及ぼした。最初の影響は、貴族の来訪が急に途絶えたことであった。宮廷の温泉療養は断絶し、きわめて有名ないくつもの温泉地が忘却のなかに追いやられた。

当時アンシャン・レジームから受け継がれた組織は、大きな変化を被った。王の主席侍医という役職の廃止に伴って、鉱水総監督官と監督医は消滅した。総裁政府のときには彼らの代わりに「温泉監督医」が誕生するが、これは同じような任務と権限を有していた。

主席侍医の廃止と同じく、結社を廃止する一七九三年の法律に伴って王立医学協会は消滅する。かくして温泉とその開発の統制と管理は、地方当局（郡と県）に移管された。

しかしながら革命歴第六年のヴァンデミエール二十三日の総裁政府布告は、その前文において「鉱水は自然の恵みであるので、それは万人に属し、公共の資源の一部をなす」ことを宣言した。[1]

（1）R・フリュラン／J・ドゥ・ラ・トゥール『わかりやすい温泉療養の解説』、パリ、エクスパンシオン・シアンティフィク・フランセーズ、一九八六年、六八頁。

大部分の温泉地は革命当初は衰退した。それは、たとえばバン・レ・バンやシャルボニエール・レ・バン、フォルジュ・レゾー、サンタマン・レゾーなどの運命であった。

しかし一七九五年に大部分の温泉地は所有者を変え、新たな工事が始まった。ディーニュの温泉は共同体から個人が買い戻した。その反対にコートゥレ〔現ミディ・ピレネ州オート・ピレネ県の温泉リゾート〕は、周囲の共同体に委託された。温泉を獲得したサンタマン・レゾー村でも同様であった。バン・レ・バンでは、革命前に領主の所有であった温泉は没収されて、個人に売却された。最後に、こうした所有権を巡る無秩序な混乱増大の背後で、プーグ・レゾーの「温泉施設」はヌヴェールの温泉に委託された。

(B) 第二帝政前夜

概観——第一帝政から第二帝政までは温泉療養にとって幸運な時代だった。大部分の温泉地は発展し、施設が建設され、散歩道が整備され、客のためのレジャーが考案された。来訪者はいくつかの要因が重なって増加した。帝室や王室、文学者や才人たちが温泉町を訪れ、そのあとには裕福な階級が続いた。こういったことは交通網の整備と温泉町へのアクセス整備によって容易となったのである。

政府の取ったいくつかの措置もまた、この時代に特徴的である。

ある皇帝令によって、変化しながらも存続するある特別措置が導入された。それは一八〇六年六月二十四日の皇帝令で、シーズン中に限って温泉地でのギャンブルを許可したのである。この突破口は重要であった。とはいえカジノが温泉リゾートにとって真の「収入」源となるのは、とくに二十世紀初頭のことなのではあるが。十九世紀前半のこの時期には、読書室やビリヤード室、喫煙室やサロンなどが重視されたのであり、そこでは音楽を聴いたり、観劇をしたりすることができたのである。

一八二〇年十二月、新たな組織が革命期に廃止されていた王立協会に代わった。それは王立医学アカデミーであり、たとえば新たな源泉の開発に不可欠な事前許可の検査と交付のような重要な権限を手中にしていた。

一八二三年六月十八日付の勅令は、温泉の統制と組織化について詳しく述べている。

知事は、監督医が施設のなかで遵守させねばならない職務規則を定める役割を負った(1)。

(1) ギタール、前掲書、七三頁。

いくつかの事例――温泉町は美化と温泉地区の拡大を計画する義務を負ったが、きわめて多くの変化が大部分の温泉町で見られた。

たとえば温泉施設の建設は強化され、温泉療養の医学的および都市計画的な側面が重視されるようになった。もはやサウナ室やプールに雨風を避ける覆いを付ける程度の整備では済まなくなり、本格的な施設を建設する努力が問題とされた。以後に建設される温泉施設は二つの新機軸を持っている。一方で個人用のシャワー室と治療室はますます利用が多くなり、いわゆる浴場整備はいっそう進められた。他方では、治療客をくつろがせるための空間という考えが発展した。サロンや喫煙室、遊戯室やその他の社交のための空間が増加して、ある種の社交生活を送っている常連客からの需要に応えた。こうした進展の例は、エクス・レ・バン、バニェール・ドゥ・ビゴール、アンギャン〔現イル・ドゥ・フランス州ヴァル・ドワーズ県の温泉リゾート〕、グレウー・レ・バン、リュション、モリトゥ〔現ラングドック・ルシオン州ピレネゾリヤンタル県の温泉リゾート」、ヴィシーなど、著名な温泉リゾートに多い。

温泉施設のなかに滞在用の部屋を作ることもまた頻繁に行なわれた。同様に初期のホテルが建設された。

すべての温泉リゾートがそうした工事に取りかかれたわけではなく、多くのリゾートはその努力を温泉施設だけに限定していた。

この時代の第二の大きな傾向は、遊歩道、ないし長い並木道の整備であった。それによって治療客は気候の恩恵を充分に享受しながら散策をしたり出歩いたり、自分の姿を見せたりすることができたのである。時折コミューヌがこうした都市計画的整備を引き受けることがあったが、このことはコミューヌが温泉リゾートの発展に関心を寄せていた証拠である。ニーデルブロン〔現アルザス州バ・ラン県の温泉リゾート」がその一例である。

その反対の例もまた存在する。一八一二年から三〇年までのサンタマン・レ・バンのように、費用負担に耐えきれなくなったコミューヌが温泉を手放すのである。

この時期にも新たな源泉は発見された。一八三五年には、ある薬剤師がバルザン〔現アキテーヌ州ピレネザトランティク県ポンタク郡の村」で温泉の湧出口を発見した。シャール・レゾー〔現ローヌ・アルプ州サヴォワ県の温泉リゾート」では、一八四一年に最初の源泉から温泉を引いたのはある医師であった。すでに評判の定まった温泉地でも、アンギャンでのように新たな源泉が発見された。たとえばアンギャンでは、温泉施設は二二の個室浴室を含む形で建設されたが、二階に滞在用の部屋をつくることも忘れられはしなかった。

バニェールやバニョル・ドゥ・ロルヌ〔現バス・ノルマンディー州オルヌ県の温泉リゾート〕、バラリュック、バルボタン、ブリド・レ・バン、カンボ・レ・バン、カプヴェルヌ・レ・バン、コートゥレ、シャテルギュイヨン、エヴィアン、フォルジュ・レゾー、ラマル〔現ラングドック・ルシオン州エロー県の温泉リゾート〕、サン・ジェルヴェ・ルファエ〔現ローヌ・アルプ州オート・サヴォワ県の温泉リゾート〕、サン・ネクテール〔現オーヴェルニュ州ピュイ・ドゥ・ドーム県の温泉リゾート〕、ユリナージュ〔現ローヌ・アルプ州イゼール県の温泉リゾート〕、ヴァル・レ・バン〔現ローヌ・アルプ州アルデシュ県の温泉リゾート〕などでも、温泉リゾートを拡大美化し、いっそう魅力的にする意志をもって温泉施設の建設や再建が行なわれた。

こうした近代化努力は、温泉のおおいなる愛好者のおかげで大きくなったが、この愛好者〔ナポレオン三世のこと〕は、温泉療養の実践を促進するために温泉リゾートの組織化に向けて個人的に力を注ぐことになる。

II　温泉リゾートの真の発展

1　最盛期――ナポレオン三世からエヴィアン協定まで[1]

(A) 皇帝の影響下で産業と客層が誕生する

法制の変化――第二帝政誕生以前でも、温泉利用についての法的整備はそれまでよりも的確に行なわれていた。源泉を争って占有しようとする動きは時として無秩序となり、場合によってはすでに利用されている源泉にまで損害が及ぶということを当局は確認したうえで、第二共和制では源泉をあらゆる横領の企てから保護することが定められた。問題は簡単である。ある種の人びとは、すでに発見・利用されている源泉のそばでまた源泉を発見しようとする。時として有望な温泉の噴出は、実際には正式登録された温泉がそこでも噴出したものにすぎないのである。そうなればそのときまで利用されていた湧出口は、不思議にも湯量が減少してしまうのだ。いくつかの温泉施設の所有者でもあった国は、一八四四年にヴィシーでこのプロセスから苦い教訓を得たのだった[2]。

(1) ナポレオン三世の第二帝政は、一八五二年から。エヴィアン協定は、一九六二年にエヴィアンで結ばれたフランスとアルジェリア臨時政府のあいだの和平協定〔訳注〕。
（2）ヴァロン（一九八一年）、前掲書、一〇一頁。〔ヴァロンによると事情は次のようである。一八四四年に源泉利用権を巡って敗れたヴィシーのブロソン兄弟は勝手にボーリングを行ない、地下五四メートルで温泉が噴出した。その結果、ヴィシーの主要源泉の湧出量は三分の一にまで減少したが、行政は何の規制もできなかった。このとき兄弟は施設取り壊しを暴力的に要求するヴィシー住民の剣幕に恐れをなして源泉に栓をせざるをえなかったが、四六年に再び栓が抜かれて同じ騒動となった。アリエ県知事は裁判に訴えたが、四九年の判決は国の敗訴という結果であった〔訳注〕。

その結果一八四八年には、半径一キロメートルの保護範囲（この範囲内ではボーリングが禁止される）を設置することによってこうした略奪を制限する時限政令が出された。「（……）鉱水の源泉は公共の財産であり、その保護は人間にとってと同様、国益にとっても重要である以上、こうした施設の存在を危険にさらしうる試みは前もって知らせることが望ましい。また緊急時に備えるために（……）、いかなるボーリングや地下での作業も、その利用がつねに許可される鉱水の各源泉から少なくとも一〇〇〇メートルの半径内においては、県知事の事前許可を得なければ実施しえない」。

第二帝政でもこうした考えが一八五六年の七月十四日法によって繰り返され、精緻なものになった。したがってこの保護措置が講じられるのは、国事院が公布する帝国令に従って公益を宣言された源泉に対してのみである。こうした公益宣言は正確な範囲を定めていて、その範囲内では、たとえその源泉の所有者によるものであっても、いかなる作業も禁止される。この法律はまた、源泉の管理が不充分である場合には、そうした不適格な所有者から源泉を収用する権利を国家が持つことも定めている。

温泉史のなかで温泉がこれほど政府の注意を引いたことは稀である。

ナポレオン三世は、こうした明示的な措置以外にも温泉リゾートにおいて第一級の役割を演じた。少なくとも一一回以上の温泉リゾート滞在は、皇帝に温泉の治療効果を確信した「愛好者」というイメージを与えた。プロンビエール（一八五六年、一八五七年、一八五八年、一八六五年、一八六九年）、サン・ソヴール〔現ミディ・ピレネ州オート・ピレネ県の温泉リゾート〕（一八五九年）、ヴィシー（一八六一年、一八六二年、一八六三年、一八六四年、一八六六年）などは、皇帝の滞在によって変化していった。皇帝の虚弱体質のために侍医たちは温泉療養を勧めていた。かくして皇帝のたび重なる温泉リゾート滞在は、いわば君主制時代の温泉ブームの火付け役となった。温泉リゾートで多くの大臣や顧問、そしてもちろん随行員たちに囲まれたナポレオン三世の生活には多くの逸話がある。パリから離れているからといって皇帝は国事を閑却したわけではなかった。大臣たちと面談し、首都で何が起きているかについての情報を得るのに熱心であった。さらに皇帝は温泉リゾートにやってきた諸外国の君主や大臣たちを招いて歓談した。パリから離れた小都市で目立たずに外国の賓客をもてなすこうした方法を、ジャーナリストは「温泉外交」と呼んだ。外交の成果は、くだされる決定の重要性によって測られる。たとえばその大きな例はナポレオン三世とイタリアの大臣カヴールとの会見であり、これはオーストリアに対するフランスの宣戦布告につながった。(1) さまざまな君主が皇帝の訪れる温泉リゾートにやってきては（とくに一八六四年のべルギー王〔レオポルド一世〕）温泉の効能を堪能したり、皇帝と歓談した。

（1）一八五八年、サルデーニャ王の大臣カヴールはナポレオン三世と秘密裏に会談し、イタリア統一のためにサルデーニャ王国支持を取り付け、翌年イタリア国内に勢力を維持するオーストリアに宣戦布告した（第二次独立戦争）。フランスは同盟の代償としてサヴォワ地方とニースをサルデーニャから得た〔訳注〕。

一八六〇年一月二十八日付の政令は、すでに一八二三年の勅令によって定められていた多くの措置を受けて、鉱水の衛生状態の統制を定めた。利用されている源泉の位置するあらゆる場所は、充分な監視と施設の活用具合に責任を負う監督医によって監視されねばならないことになった。ますます明確になっていくこうした動きの目的は、もっぱら温泉の利用を合理化することであった。

加速する温泉リゾート近代化――ヴィシーやプロンビエール、規模的に小さくなるがサン・ソヴールは、

ナポレオン三世の計画から大きな恩恵を受けた。プロンビエールについては、第一段階は道路の改良工事、鉄道ダイヤの迅速化、既存の温泉施設の改善など。ついで新たな施設建設の義務を負った会社に温泉が譲渡されたのち、このリゾートはおおいに第二帝政の大盤振る舞いにあずかったのである。毎年、皇帝みずから工事の進捗状況を監視した。ナポレオン三世はまた、プロンビエールに軍人や地元住民のための温泉病院をひらくことも考えていた（一八六二年）。

ヴィシーでは町全体、インフラ全体が皇帝の意志のおかげで、そしてそれに由来する大規模な財政支援によって発展した。道路、公園整備、鉄道駅や市庁舎、教会や商店街、要人を迎えるための豪華な別

荘、劇場やカジノのような娯楽施設などの建設が相次いだ。ナポレオン三世の努力によって、ヴィシーは一八七〇年以降に温泉療養の主要都市となった。ヴィシーへの来訪者は一八五二年の七〇〇〇人から、一八六一年の一万六〇〇〇人、一八七〇年の二万四〇〇〇人に増加した。これほどの温泉療養客とその付き添いを受け入れるためにヴィシー村は、五〇軒ほどのホテルを備えた温泉療養に関係する多くの活動が行なわれる小都市へと変貌した。

それ以外に温泉リゾート全体が、当時の技術進歩、とくに交通手段と移動手段の飛躍的な発展の恩恵に浴した。それというのも、しばしば山塊のなかに位置し、近づきがたかった温泉リゾートへの移動方法が大きな障害になっていたからである。鉄道敷設と温泉リゾートを結ぶ路線建設は、間違いなく皇帝の努力の延長上に位置するものである。

第二の発展要因は、たとえ施設の維持と競争によって収益性が減じられるとしても、温泉療養が投資家に引き起こした関心に結びついている。

こうしてバニョール・ドゥ・ロルヌやバラリュック（ここの源泉は一八六八年以来イギリスの会社によって管理されていた）、ブルボン・ランスィ、コートゥレ、ダクス、アンギャン、プーグ・レゾー、ラ・プレスト〔現ラングドック・ルシオン州ピレネゾリヤンタル県の温泉リゾート〕などに多くの会社が誕生したが、その存続期間はまちまちであった。

この時期を通じて整備作業は続けられ、新たな温泉施設やホテル、カジノ、遊歩道などがすでに着工されていた工事に追加された。

しかし、すべての温泉リゾート全体について一般化を行なうことや、画一的で単純な原則を引き出すことは困難である。なかでも以下の二つの例が、状況の複雑さと温泉リゾートでの治療客の生活をよりよく理解するのに好適である。

一八五八年にバニョール・ドゥ・ロルヌの温泉の状態を記した専門家の報告を取り上げよう。「現在の施設は一カ所のきわめて狭い玄関しか持たず、その玄関は互いに独立した二方向に沿い、不揃いの大きさで狭苦しく乱雑につくられ、明かりがほとんどない三カ所の地下蔵から成る一連の部屋に通じている。この配置はまことに不便で、不作法でさえある。というのも男女が時間別で入浴せざるをえないからである。この施設にやってくるためには通りを下ってくるのだが、その傾斜はほとんど二五度の急坂で、嵐のときにこの通りは雨水の流れによって不潔な急流となってしまう[1]（……）」。

（1）フランス建築協会、前掲書、二八六頁。

他のリゾート、とくに最も発展したところでは、温泉施設はそれでももっと多くの設備を持っていた。二番目の例は、一八六三年のル・モン・ドールで治療客たちの受けた治療方法の話である。「ル・モン・ドールでは朝日が昇るやいなや、あらゆるホテルや家々から、窓がしっかり閉じられた灰色の一種の輿《こし》〔英語でセダン・チェアと呼ばれるもの〕が、短いジャケットと水兵帽という制服姿の二人の男によって運び出されるのが見られるが、彼らはつねに速歩で運んでいく。これらの輿はすれ違い、ぶつかることもあるが、すべて飲泉場に到着する。輿のポーターは急いで窓を開け、急いで温泉水のコップを差し入れ、大急ぎで戻ってくる。時間がないのだ。各人には定められた時間がある。入浴は予約制なのだ。他の入浴者が待っている。見ようとしてはならない。こうした輿の奥に隠れているいろいろな種類の布をまとった人物を見ることはできない。そうした人物は部屋着姿を見られないためにいまにも逃げだしそうな様子をしている。

次に温泉水を飲用する庶民が歩いてやってくる。彼らはひしめきあい、飲泉場のまわりに群がるが、そこでは無表情の女性が絶えずコップに温泉水を満たして、自動人形のようにまじめそうだがうわの空の様子でそれを返してくれる。彼女はまさにダナイデス(1)ともいうべく、底なしの甕のなかにつねに温泉水を注いでいるのだ。それはあらゆる不幸があらわになるときだ。青白くやせ細った顔、黄色く暗褐色の顔色、くる病患者、腺病患者、松葉杖をつくもの、手足が萎えたもの、これらすべての人びとが湿った遊歩場に集まってくるのだ。彼らはお互いを見て、話しをするが、けっして笑わない。遊歩場の正面に「この場所で笑ってはならない」と書いてあるかのようだ。

(1) ギリシア神話のダナオス王の五〇人の娘たち(ダナイデス)は、おじアイギュプトスの五〇人の息子と結婚した初夜に夫の首をはねるように父親に命じられる。その報いで地獄において彼女たちは、穴の空いた桶で永遠に水を汲む劫罰に処せられた。シジフォスと並ぶ徒労の象徴〔訳注〕。

ローブやマントにくるまった何人かの病人が輪になって座り、黙って足湯を使っている。（……）他のものは上昇する気温のおかげで体のなかに入っているものすべてを蒸発させる喜びを見出している。（……）彼らのなかには思いがけないシャワーが彼らに引き起こす感動的な驚きを楽しむものもいる。（……）多くのものは浴槽の内外で歩き回ったり震えたりしている」[1]。しかし発展したのにもかかわらず、温泉療養は大衆化しなかった。フランスがいくらか豊かになれば、常連の富裕階級以外に、ますます多くなるブルジョワジーと数多くの外国人にもっと簡単に出会える可能性が大きくなる。しかし、全体的には、温泉リゾートに滞在する客の数は少数で推移した。

（1）L・ナドー「オーヴェルニュへの旅　一八六三年」、フランス建築協会、前掲書、三七五〜三七六頁。

（B）混乱の時期（一八七〇〜一九三九年）

さまざまな突発事件――一八七〇年の普仏戦争は、温泉療養にほとんど影響しなかったのにくらべて、一九一四年から一八年の第一次世界大戦と一九二九年の世界恐慌は、温泉療養の発展を当然のことながら鈍化させた。

ただ、普仏戦争の宣戦布告から数カ月間は、長らく競争状態にあったフランスとドイツの温泉リゾートのあいだで一種の心理戦争が行なわれ、そののち温泉リゾートは国家的な宣伝の道具の一つとなって示威行動に使われた。この威信をかけた戦いは第一次世界大戦まで続き、温泉リゾートに活性化の機会を与えた。実際フランス人は、もはやドイツの温泉リゾートに魅力を感じなくなったのである。

ドイツを排除するという、こうした状況に加えて、企業家の温泉経営に対する嗜好が出現する。すでに第二帝政のもとで生まれていたこのような新たな傾向は、第一次世界大戦まで増大した。温泉療養は建設と拡大と美化の時代を迎えた。新たな源泉を発見し、既存の温泉を最大限利用しようとする意思が新たなリゾート建設によって表わされたのである。

シャール・レゾーでは一八七四年に源泉の湧出量を増加させるために、新たなボーリングが行なわれた。ラ・プレストでは新たな源泉から湯が引かれたが、これによって新たな所有者は温泉施設を建設してリゾートを売り出したのだった。ラ・ロッシュ・ポゼ〔現ポワトゥー・シャラント州ヴィエヌ県の温泉リゾート〕は、温泉水の厳密な検査を経て一八九六年になってようやく営業を開始した。トノン・レ・バンでは、医学アカデミーの開発許可が一八八二年に交付された。

実際にこんにちわれわれが知っているあらゆるリゾートにおいて、この時期に建設された施設の数と質をとくに強調しなければならない。

所有者の変更はつねに多くて頻繁であったが、「温泉療養」の成功と、そうした滞在の快適さを増加させ、美的感覚を高める欲求とに応えることを目的とする施設の建設と整備が、第三共和制初期から第一次世界大戦までの期間の特徴となった。

問題は、単に温泉を保護することだけではなくて、温泉施設や治療客に対して最良の空間と最大の快適さを与えることによって、完全な生活の場所としてのリゾートを考えることにあったのである。

おそらく都市計画への省察が生まれたのは温泉リゾートからである。そうした考察はもはやパリだけではなくて、それよりもはるかに小規模のコミューヌにも適用されたが、そこではさまざまな機能を持つ建物のあいだの均衡やしばしば不適当な場所を全体計画のなかに組み込む意志が実際に実現されるのである。

一八八〇年にラ・プレストでは、新たな施設のなかに浴場やシャワー、飲泉場、治療室など伝統的な設備に加えて、一〇〇室ほどの客室、読書室、音楽ホールなどが含まれるようになった。

かくして二十世紀初頭には、有名な大温泉リゾート（エクス・レ・バン、ダクス、ヴィシー、ヴィッテル〔現ロレーヌ州ヴォージュ県の温泉リゾート。鉱水販売でも有名〕）では、裕福な客層向けのパレス風ホテル〔直訳は宮殿ホテル。明確な定義はないが、十九世紀末から二十世紀にかけて温泉や海水浴などのリゾート地に出現した豪華ホテルのこと〕や広大な豪華ホテルの出現が目立った。

カジノの数も増加した。エクス・レ・バンやヴィシーのように複数のカジノが設置されているリゾートを見るのも稀ではなくなったが、そうしたリゾートの状況は無秩序となったので、政府は「ゲームの規則」を再び定めねばならなかった。

かなり多くの論争や論戦ののち、カジノの新たな設置様態を定める法律が誕生したが、この一九〇七年六月十五日法は海水浴リゾート、温泉リゾート、保養リゾートにおけるギャンブルを規制し、次のことを定めている。「刑法第四一〇条の例外措置として、海水浴リゾート、温泉リゾート、保養リゾートにおける会員制クラブやカジノに対しては、はっきりと区別され、いくつかのギャンブルが行なわれる特別な場所を公衆に対して開設する季節営業許可が与えられる」。このようにギャンブルを合法化することによって、国家はコミューヌの取り分（祖収入の一〇パーセント）と同様、自分の取り分（祖収入の一五パーセント）のためにもこの営利活動を管理したのである。(1)

（1）P・サディ「カジノ」、フランス建築協会、前掲書、八三〜一〇三頁。

一九一〇年には任意の滞在税さえ認可され、この税収を望んだリゾートはホテルを介して、リゾートが希望したり実現しなければならない健全化作業や美化作業をまかなう財政手段にあずかることができるようになった。

第一次世界大戦は、このような関心事を一時的に中断した。豪勢な時代のあとでフランスの温泉リゾートは独自の再建努力を始めた。リゾートは急ごしらえの軍人病院に負傷兵を収容した。列車は前線から負傷兵を運び、彼らは都市の大病院でさえもすべて備えているわけではない医学設備と休養施設を目の当たりにした。この戦争の時期に温泉リゾートが果たした役割を立法者たちは忘れなかった。つまり戦後の一九一九年九月二十四日法は、その行政区域内に鉱水の源泉か、一つないし複数の鉱水の源泉を利用した温泉施設を所有するコミューヌ、コミューヌの一部、コミューヌグループに対して、温泉リゾートへの昇格を認めたのである。この法律は、源泉の統制と監視に関する原則について、温泉療養の法制に関する二番目の大きな原則を示した。法律本文が大量で、その適用方式を明確にしたり、各要素を修正したりすることが困難であったとはいえ、基本的な部分はコミューヌ行政法に、ついでコミューヌ法に順次組み込まれた。

この法律によって滞在税は強制となり、カジノの収入の一部がコミューヌの財源を潤した。温泉リゾートへの滞在者数が回復してくる。カジノの増加がそれを後押しした。アメリ・レ・バンでは一九二二年に新たなカジノが建設された。バニョール・レ・バンとダクスでは一九二七年に二番目のカジノが開設された。

両大戦間、とくに社会保障に関する一九三〇年法に結びつくいくつかの社会的措置の刺激を受けて、フランスの温泉に療養に訪れる治療客の数は増加した。こうした新たな現象は、こんにちならば時代遅れと判断される第一級の温泉施設の建設によって表わされたのだが、これよって各リゾートは伝統的な客をつなぎ止めながら、「二番手の」温泉施設に、しばしばそれほど裕福ではない温泉療養の新たな愛好者を宿泊させることができたのである。

一九二九年の世界恐慌は、フランスには二年から三年遅れて襲来し、温泉リゾートの来訪者を直撃した。実際、温泉療養は観光と同じく、それを取り巻く経済状況に大きく依存している。すべての温泉リゾートが影響を受けたが、中小は大手以上に打撃を被った。

入手できる数字によると、来訪者の落ち込みはブールー〔現ラングドック・ルシオン州ピレネゾリヤンタル県の温泉リゾート〕で三〇パーセント、ダクスで二五パーセント、ブリド・レ・バンで二一パーセント、サン・ジェルヴェで十九パーセント、ヴィッテルで一三パーセント、エクス・レ・バンで一一パーセント、ヴィシーで七パーセントであった。(1)

(1) クリスティアン・ジャモ『フランスの温泉療養と温泉町』、リール、国立学位論文複写機構〔博士論文を印刷物あるいはマイクロフィッシュの形で提供する組織で、一九七一年の設立〕、一九八七年、マイクロフィッシュ（クレルモン・フェラン、地理学博士論文、一九八六年）、二九頁。

外国人の温泉リゾートへの来訪者数低下は歴然としていた。各リゾートが恐慌前の水準を回復するには、一九三六年から一九三七年を待たねばならなかった。もっと時間が必要であった。

温泉ブーム――出会いと芸術、霊感の場所となる。各リゾートの日常生活はほとんど変化しなかった。同じリズムが永続するかのようだった。しかしながら治療客に提供される諸活動は多様化し、二十世紀初頭にはゴルフや美人コンテスト、競馬や観光周遊旅行の手配などの出現がいっそう多く見られるようになった。

ホテルやカジノ、パレス風ホテルなどの建設が増加した。治療中にあらゆる贅沢の恩恵を受けるためにそうした需要は差し迫っていた。サロンやその他の出会いの場所は重要で、治療者（依然として特権的な階級と料金にあまりこだわらない外国人客）は彼らの自宅と同じような習慣（人を迎え、あれやこれやおしゃべりをすること）を続けられたのである。

こうした流行現象は、作家や芸術家が足繁く訪れるいくつかの温泉リゾートの役に立った。二十世紀初頭には、偉大な思想家や芸術家、公人などのクラブのメンバーである場合、自分の評判に箔を付けるために温泉リゾートに滞在することもまた重要となった。

十九世紀後半の温泉利用について、そしてイメージや物語が時折われわれに与える浅薄さについて言われていたことを文学的なやり方で集めた、皮肉混じりでなかば真面目な長広舌を取り上げよう。

「え、なんですって。温泉が万能じゃないって。あんたは誰よりもよくご存じのはずだ、恩知らずの先生。どうしたらやっかい払いできるかわからないものは、みんなあんたが温泉に送り込んだんじゃないか。痛風、リューマチ、座骨神経痛、胃炎、毒気、あんたがどうにもできないこんな病気全部を温泉に送り込んだんじゃないか。あんたがたいして知りもしない病気も同じだ。何もしないことに飽き飽きしている暇人たち、運勢を変えたいと思う破産したギャンブラー、失墜して立ち直れない大臣、金が邪魔になる金持ち連中、一山あてようとする山師、情事を求める婿たち、持参金目当ての青年たち、婿捜しの母親たち、適齢期の娘たち、不妊に疲れた妻たち、父親らしさを追い求める夫たち、こんな連中全部が恵みの源泉の不思議な力にすがろうとしていちどきにやってくるが、それは無駄なことだ。あんたは処方を出し、連中はそんなものには従わないけど謝礼は払う。それが大事なんだ。つまり奴らは温泉を飲み、ワインも飲む。散歩し、ダンスし、ゲームする。お金は出ていき、お楽しみがやってくる。やる気は出たり出なかったり。結婚したりしなかったり。美徳が失うものを愛が得る。不妊は多産となり、病人は松葉杖を投げ捨てて漁色にふける。亡くなるものもあるが、それ以上に生まれてくる。誰も不平は言わない。生き残った連中は来年のシーズンに再会するのを約束して、満足げに帰っていくのさ[1]」。

（1）F・マルフィユ「D・ジャラスによって引用された『心と持参金』、温泉町の詩情」、フランス建築協会、前掲書、一五〇～一五一頁。

こういった人物描写については、なんと考えたらいいだろう。これは批判に好都合なように誇張されて、嘲笑的となっているのだろうか。確かにそうではある。しかし、それでもこの人物描写は、他の著者たちもその著作のなかで素描している人びとの姿とはまったく異なっているというわけではないのだ。というのも温泉リゾートは大きな創造力をもたらしていたからである。温泉リゾートに滞在し、その魅力や技巧を引きだした作家や芸術家は数多く存在する。

作曲家のサン・サーンスはブルボン・ラルシャンボで温泉療養を試み、ミシュレとその妻（治療を受けたのは彼以上に妻のほうであった）は最初一八六〇年にフォルジュ・レゾーに、ついで一八六五年にエクス・レ・バンに、さらに一八六六年にはバニョール・ドゥ・ロルヌ、ついでエヴィアンに滞在した。一八六二年にフロベールは母親とともに続けて二回ヴィシーに滞在した。ついで一八七二年には親戚の女性とともにリュションに滞在した。ゴンクール兄弟はヴィシーを好んだが、一八六九年にはロワイヤに滞在した。ステファヌ・マラルメは一八八八年にロワイヤに滞在したが、彼には心地よい感覚を与えると思われた治療を受けることができて幸福であった。子供時代のジッドは一八八二年にラマルー・レ・バンに滞在し、ついで同じくプルーストは一八八五年にサリ・ドゥ・ベアルヌ〔現アキテーヌ州ピレネザトランティク県の温泉リゾート〕に、もっとあとにはル・モン・ドールやエヴィアンに滞在した。アルフォンス・ドーデは一八七九年に病気治療でアルヴァール・レ・バンを訪れたが、そこにはコレットやジッドも滞在した。モーパッサンは一八八三年から八六年までシャテルギュイヨンに通ったが、彼の小説の『モントリオル』は、その背景にさまざまな源泉の所有者の敵対関係が描かれている。この小説は皮肉を効かせたタッチで、源泉の支配をもくろみ、温泉施設管理を願う資本の所有者たちの相反する利害の対立と同時に、温泉リゾートを描写し、その役割も描いている(1)。

（1）ギ・ドゥ・モーパッサン『モントリオル』、パリ、ガリマール社「フォリオ」叢書、一九七六年、三七六頁。

モーパッサンはのちにエクス・レ・バン、プロンビエール、ディヴォーヌに滞在した。

したがって、多くの文学者が温泉リゾートに赴いたのである。彼らは温泉療養に新たな文化的次元を与えたのだが、この次元は温泉リゾートの生活を深く特徴づけるものとなり、以後は強く文化や音楽、絵画、文学などの創造的活気と結びつくこととなる。温泉療養のロマンティックなイメージが、二十世紀初頭の集団的な記憶に結びついていることに疑いはない。

2　温泉リゾートの変化

（A）社会政策的温泉療養の開始

ますます増大する国への依存――第二次世界大戦は、温泉への来訪という面から見ると静かな時代だった。しかし、戦後の措置は温泉療養という慣習を変化させた。

一九四五年に社会保障制度が発足し、また一九四七年に鉱泉療法に関する政令が出されたのに伴って国家の介入が新たに明らかとなった。温泉療養は、治療法として認められるようになったのである。実際、一九五〇年一月五日付けの労働省の通達は、ある種の温泉療養について社会保障が支出を負担することを認めている。

こうした政府の決定は、現代の温泉療養にとっては基本的なもので、社会政策的温泉療養の開始を告げるものとなった。

この通達は患者の費用負担方式を定めている。

この新たな法制は、四〇年間を通していくつかの変化を被ったが、そうした変化はとくにますます厳しくなる費用負担の規則にもかかわらず、温泉リゾートへの来訪の増大を絶えず促すような官庁の諸決定の結果としてもたらされたのである。

こうした決定のうちで最初のものは一九五八年の政令（ピネ・プラン〔経済財政大臣アントワーヌ・ピネ主導による、ドルに対するフラン切り下げ、増税などを柱とする経済政策。ここでは第二次プラン〕の枠内）であって、温泉療養は有給休暇期間内に行なわれてはならないこと、社会保障金庫による費用負担は制限されること（ある基準額からは費用が払い戻されないという所得上限額が低めに設定された）をとくに定めていた。そうした引き下げを正当化するために議論が行なわれたが（全温泉リゾートがこの引き下げに影響を受け、治療客数は一九五八年の三二万九〇〇〇人から一九五九年の二五万五二九四人に減少した）、それによって費用負担の濫用が確認された。[1]

（1）エブラール報告から抜粋された数字、前掲書、四一頁。

政府のこうした措置は一九六〇年に廃止され、温泉施設の費用や医療費の払い戻し制度が社会保険加入者全体のために復活した。その代わり移動費用と宿泊費用は依然として（所得の上限に応じて）部分的に払い戻しが行なわれるだけだった。

一九六七年八月のジャヌネ政令は、再び温泉リゾートへの来訪者を減少させた。社会保障の全般的な体制に資金援助を行なうために発動された措置が、第二次世界大戦以来の明確な原則を破棄したのである。しかし二年後に政府はこの決定を撤回した。

温泉療養の運命はこうした変転を通して、明らかに政府の政策と社会保障政策に密接に関連するようになった。

温泉療養の費用は社会保障が引き受けるので、ふんだんな治療に関する医学的正確さという考えが明確に現われると同時に、新たな客層も出現した。

ギ・エブラールの見解は、こうした変化の結果を完全に要約している。「社会保障の発明はフランスの温泉療養に三つの主要な影響を及ぼした。社会保険加入者は徐々に、かつての客層に代わって温泉療養者のほとんどを占めるようになった。温泉療養は、ますます強化される医学的性格を帯びることとなり、九〇パーセント以上が医師によって処方されるようになり、事実上一〇〇パーセントが医学的コントロールのもとで行なわれるようになった。

温泉リゾートははっきりした専門化の方向に向かった。各リゾートでは、専門的治療の対象となるおもな病気が知られるようになったが（しばしばもう一つの病気〔一般にひとつの温泉リゾートでは少なくとも二種類の適応症が明記されている〕も対象とされた）、そうした専門化はハイレヴェルな科学的温泉療養を保証するように思われた」[1]。

（1）エブラール、前掲書、二二頁。

リゾートへの影響——過去の変化とは反対に、客層の変化はこのときは温泉施設の変更を伴わなかった。第二帝政時代と第一次世界大戦までに注がれたきた投資と建設への大きな努力は、新たに殺到する治療客を受け入れるには充分なのであった。

既存の施設のおかげで温泉リゾートは、特別な対応を行なわなくても新たな客層に適応できた。とはいえ、あまり裕福ではない新たな治療客は、提供されるレジャーよりも治療のほうにいっそう専念したのであるが。

改革はほとんど行なわれなかった。

第二次世界大戦とその戦禍によって、施設を閉鎖したリゾートも存在した。ドイツ国境に近い温泉リゾートは言わずもがなであった。

たとえばサンタマン・レゾーの場合がそうであった。当地の温泉施設は一九五六年に再建された。一九五二年に、ニーデルブロンではカジノが再びオープンし、新たな温泉施設が建設された。

他の温泉リゾートでは、第二次世界大戦は大規模な来訪者数の減少の開始を告げる弔鐘のように思われた。最も著しい例は、ヴィシーとプロンビエールであった。ヴィシーは自分の運命を選べなかったとはいえ、凌辱されたフランスの首都となり[1]、ナチス・ドイツに服従し、潰走の象徴となったこの町のイメージは第二次世界大戦末期に作りかえられるべきであった。しかし、地元自治体の努力にもかかわらず、ヴィシーは、再び二十世紀初頭の晴れやかな繁栄の日々を迎えることはなかった。同様に、第二次世界大戦とともに、ナポレオン時代の贅沢に慣れていたプロンビエールにはもはや訪れるものがいなくなった。カンボ・レ・バンは結局、一九七五年になるまで再開されなかった。温泉リゾートの大部分で、近代化のための新たな努力はのちになってからしか、つまり、一九六〇年代と七〇年代になってからやっと行なわれることとなる（一九五四年に新たな施設が建設されたトノン・レ・バンのような例外もある）。

（1）第二次世界大戦初期にナチスに降伏したフランス共和国（第三共和制）は崩壊し、結局フランスはヴィシーを首都とし、ドイツに友好的なフランス国（南フランスを支配する）と、ナチスドイツの占領支配する北フランスとに分断された〔訳注〕。

両大戦間から受け継がれた施設は、それまでに、いくらかは整備されたり再建されたりした（アルヴァール、ラ・ブルブール〔現オーヴェルニュ州ピュイ・ドゥ・ドーム県の温泉リゾート〕、シャール・レゾー、エヴィアンなど）。こうした変化はいわゆる温泉施設にはほとんど関係せず、むしろサロンや装飾などの部分についてのものだった。

したがって、新たな温泉施設に変化や建設の動きが見られたのは一九六〇年代と七〇年代であった。この時期は所有者の交代にも好都合であった。

ますます多くなる温泉療養客、そして第二帝政時代にまで遡る施設の老朽化、さらに「温泉療養効果」を確信するある種の温泉施設の努力などによって、温泉地は近代化を実行する必要に迫られていた。問題なのは、もはや十九世紀や二十世紀初頭のモデルを再び生みだすことではなかった。科学と医学の進歩は、温泉の合理的な組織化に関する貴重な情報を与えてくれた。他方で社交の場所はもはや以前と同じ魅力を持たないようになった。音楽を聴いたり、読書を一緒にしたり、観劇したりすることはいささか時代遅れの印象を与えたのである。ただカジノとゲーム室だけはその魅力をもちつづけていた。ディヴォーヌ・レ・バンのカジノは一九五五年に建設され、サンタマン・レゾーのカジノは五〇年代初頭に再建され、エヴィアンのカジノは一九五二年に再開された。

温泉療養にとって非常に幸運なことに、建物の独特な建築様式は破壊されることなく保存された。だからといって違う建築様式で他の新たな施設が建設されなかったというわけではないが。ディーニュでは新施設は昔からの施設につづけて増築された。ほか（サリ・ドゥ・ベアルヌ）では、リハビリセンターないしは受け入れセンターとなったのはホテルであった。同様に、アルヴァール・レ・バンでは、古い施設の保存がジュール・シャルドン温泉の現代建築と補完関係にある。したがって、われわれの遺産の一部を保存しようとする意志は、研究の進歩と未来の変化に柔軟に対応するいっそう近代的な施設建設とは矛盾しないのである。温泉施設や温泉地区は、ますます温泉複合施設に変貌していったが、そこでは補助的な治療用のあらゆる種類の設備や付属施設などによって、温泉利用が完全なものになっている。かつての施設の壮麗さ、豊かさ、ときとしてその美しさは、もっと機能的で利用しやすい施設の建設によって顧みられなくなったが、そこには現代の価値観が反映しているのだ。

（B）現在の迷い

このように温泉の歴史は、ときとして長期にわたって無関心ないしは弛緩の時代があったにもかかわらず、大きな努力の連続のように見えるが、そういう努力のおかげで温泉医学はその専門性と成果を認めさせることができたのだった。

療養客数の変化と高齢化

一九六五年＝三五万八〇〇〇人　一九七〇年＝四二万人　一九七五年＝四九万三〇〇〇人
一九八〇年＝五四万人　一九八三年＝五九万四〇〇人
一九八四年＝六万四一九三人　一九八五年＝六二万人　一九八六年＝六三万七四四〇人
一九八七年＝六三万七八〇〇人　一九八八年＝六三万六七〇〇人

（全国温泉施設連合とエブラール報告の数字）

温泉療養客の全体数の伸びは第二次世界大戦末期以来、そしてとくに社会保障制度による費用負担の決定以来、明らかである。

こうした進展は一様ではない。というのも政府の措置によって療養者の総数が一時的に抑制されうるからである。たとえば一九七〇年からの一〇年間、年平均の増加率はプラス二・八パーセントであった。しかし、一九八六年からは温泉リゾートへの療養者の来訪は明らかに減少し、最大数の治療客を受け入れていた二〇の温泉町では、一九八八年には治療客数の減少が見られた（マイナス三・八三パーセント）。こうした低落現象は、大規模温泉リゾートにも影響を与えた。たとえば、アメリ・レ・バンはマイナス一・四パーセント、ラ・ブルブールはマイナス一・六パーセント、ヴィシーはマイナス六・四パーセントであった。その反対に宿泊収容能力がそれほど高くない温泉リゾートは、ときとして一〇パーセントを越える増加を記録した。たとえば、レーヌ・レ・バン〔ラングドック・ルシオン州オード県の温泉リゾート〕（一四・四パーセント）、ユサ・レ・バン〔ミディ・ピレネ州アリエージュ県の温泉リゾート〕（六三・五二パーセント）、モンブラン・レ・バン、ネラックなどがそうである。

こうした来訪のばらつきは多くの専門家を戸惑わせた。温泉療養法は、ますます科学的で効果的だと考えられているのに、その信奉者の数は減少しているのだ。一九五〇年から観察された来訪者の減少のときとは違って、最近では政府のいかなる制限的な措置も取られていなかっただけに、こうした状況はいっそう驚くべきものである。

こうした変化と平行して温泉療養客自身も大きく変化していた。基本的には治療客の年齢が問題となる。四十歳から六十歳までの年齢層の人びとが客の三分の一から半分を占めて代表的であるが、それより高齢の年齢層も、温泉リゾートにもよるが、治療客の四分の一から四分の三までを占めている。

このような高齢者（とくに六十歳以上の年齢層）の比率の増加は、平均寿命の伸びに対応している。温泉リゾートで治療されるいくつかの疾病は、主として長期の慢性病に苦しむ患者が対象となる。とくにリューマチの場合にあてはまる。それと同時に子供は、たとえ耳鼻咽喉関係の疾患を治療する温泉リゾート（たとえばアルヴァールやラ・ブルブール、サントノレなどの温泉リゾートは、子供の比率が全治療客の四〇パーセントから六五パーセントを占め、「子供のための使命」を持っている）がとりわけ子供用に専門化しているとしても、治療客全体の一〇・三パーセントと、その率がきわめて少ない。最後に、ある種の温泉リゾートが、もっと変化に富んだ利用が可能になるように、さまざまな適応症を掲げる場合には、実際に非常に異なる客層が訪れるのである。フランスの大部分の温泉リゾートは少なくとも二種類の適応症を掲げているので、こうした見解は一般化できるように思える。

その一方、温泉療養客の六二パーセント近くが女性によって占められている。

温泉リゾートに女性の治療客が多い理由は、社会・文化的ないくつかの現象に関係がある。

まずフランスの人口構成は女性優位である（すでに数年前から全人口の五〇パーセント以上となっている）。男性の平均寿命が女性よりも短いために、女性の比率は四十五歳以上の年齢層ではますます高くなっていく。結局、女性の非就労者や未亡人は、働いている女性よりも気軽に温泉療養に行きやすいのだが、働いている女性にとってみれば、社会保障制度による費用負担制度はすでに述べたように不利なのである。

もちろん、女性は女性にとって、より特徴的な疾患（婦人科、静脈系疾患、心身症など）に適応した温泉の効能指示のある温泉リゾートに行くのである。地域的な理由がこうした分析の一助となるとはいえ、女性の来訪割合の高い温泉リゾートでは、そういう適応症（とくに婦人科、静脈系疾患）の治療もしていると確認できる。つまり、ラ・レシェールでは一九八八年にプラス七・五パーセント、サリ・ドゥ・ベアルヌではプラス九・二一パーセント、ユサ・レ・バンではプラス六五・五二パーセントを記録したのである。

温泉リゾートへの来訪はまた、職業カテゴリーによっても変化する。治療客のなかで圧倒的な比率を占めるのは、非就労者（子供や学生、無業者、それにもちろん退職者）であって、リゾートごとにその比率は異なるが、彼らは治療客全体の四分の三から五分の四を占める。

就労者のなかでは中間管理職とサラリーマンの集団、自由業と上級管理職の集団が就労者の治療客全体の六〇パーセントから九五パーセントを占める。こうした二種類の社会集団は最も情報を持ち、最も高い可処分所得や最良の社会的庇護を受けている。前者（中間管理職とサラリーマン）は「社会政策的温泉療養」の主たる受益者である。

その一方で、労働者と農業者はほとんど温泉リゾートを訪れない。労働者は就労者の治療客の一〇パーセントから一五パーセントを占めるにすぎない。彼らにとっては宿泊費の問題が重くのしかかるのであって、そうした温泉リゾートではキャンプや団体宿泊用の施設といった宿泊形態がしばしば不充分な状態なので、宿泊費は高くつくと思われるのである。

農業者もまた、三週間も自分の農地を留守にする可能性はほとんどない。さらに治療費用と、社会保障制度によって払い戻される滞在費が、わずかな額であることが大きな識別的要因となっている。

しかし、昔ながらの温泉療養客とは別に新たな客層が出現してきたが、この客層はもっと若くもっと活動的で、日々の生活のストレスに直面して心身のバランスを回復させる治療を探し求め、健康状態を改善することに熱心である。温泉リゾートはこのような新たな需要を意識している。混同を避けるために、科学的治療法である温泉療養と、単なる健康づくりのための滞在とのあいだにはっきりとした区別を行なうことは必要だとしても、このような需要の拡大はこの新たな客層にリゾートが適応できる能力を持つかどうかに密接に関係する。

健康づくりのための観光――温泉療養の新たな活動である健康づくりのための観光は、間違いなく温泉利用の最も近代的な形である。コントレクセヴィル〔ロレーヌ州ヴォージュ県の温泉リゾート。鉱水販売でも名高い〕では、一九七九年のこの方式の誕生以来、四〇カ所の健康づくりセンターが初の試みとして一〇日間の「パック・コース」を開設している。それ以来、温泉リゾートではもっと短期で柔軟、かつ魅力的なさまざまな滞在方式が提供されている。

こんにちでは、健康づくりの客は治療客全体の一パーセントを占め、温泉療養の売上高の五パーセントから六パーセントを占めるようになった。

こうした新たな健康づくりセンターを訪れる一五万人近い人びととともに、健康のための観光は今や温泉リゾートの経済戦略に必要な部分をなしている。

この新たな温泉療養活動に対する見解の論争がどのようなものであれ、この新たな活動は、新たな客層の需要のほうにはっきりと向かっているということは明らかである。この新たな客層は、温泉療養の医学的な側面にあまり興味を持たず、それほど高い年齢ではなく、「ちょっとした治療」や禁煙を通して体の状態を改善することに関心を持ち、痩身や健康的な食事摂取に励むのである。

ドイツ風の温泉療養は、現在の都市の忙しい生活条件から生まれた医学的社会的な必要事であり、温泉リゾートは不眠やストレスなどの世紀病に立ち向かうための温泉療養の諸方式をもってそうした要請に応えている。これはまた良好な健康状態で体調を整え、最適の健康生活を送ることに留意する人びとの病気予防という背景においても行なわれる治療である。

温泉リゾートはこのような新たな需要のなかに、そして伝統的な温泉療養の停滞を前にして、活動を多様化して客層を拡大する機会を見てきた。

温泉リゾートは、伝統的な温泉療養と平行して、施設の一部を利用したり、「温泉町」というイメージを利用したりして「健康のための観光」という魅力的な新方式を発展させてきた。たとえば、エヴィアンでの「生まれ変わるための一週間」コースと「若い母親の研修」、ヴィシーでの「一〇日で一〇年若返り」コース、ラ・ロシュ・ポゼで六日間の美肌」コース、ヴィッテルでの「健康づくりのパスポート」コース、ブリド・レ・バンでのアラカルトの「ダイエット」コース、エクス・マルリオーズとアルヴァール・レ・バンの「禁煙」コース、リュションの「澄んだ空気とスリムな体型」コースなど。

レーヌ・レ・バンやラ・ブルブール、ユニナージュ、サン・ラリ、ディヴォーヌ、モンロン〔ローヌ・アルプ州ロワール県の温泉リゾート〕、バニョール・ドゥ・ロルヌ、エクサン・プロヴァンス〔プロヴァンス・アルプ・コートダジュール州ブシュ・デュ・ローヌ県の都市、温泉リゾート〕などでは、こうした新方式のために新規の温泉療養施設や健康づくりセンターが建設されるようになったが、そうした施設やセンターは徐々に温泉町を活性化した。その結果、温泉町の時代遅れという評判はますます根拠を失っていった。

健康づくりは、地域開発にとって重要な経済的影響を持つ（温泉療養への影響、活動と来訪者の増加）。温泉リゾートでの現在の計画とその成果、施設への投資などは伝統的な温泉療養というよりもむしろ健康づくりのための温泉利用という現象に関わっている。たとえば温泉リゾートや温泉療養見本市のプロモーション戦略は、健康づくり用の短期滞在型の方式に年々比重を移している。したがって、温泉リゾートはこの新たな問題を避けることができず、また社会問題・雇用大臣のセガン氏も一九八七年の意見表明において次のように述べて、こうした傾向を後押しした。「温泉リゾートの将来の発展は、社会保障制度によって費用負担される滞在と同時に、スポーツや観光やレジャーなどの活動を含む、市民による自由時間使用の選択に応じた健康づくりのための滞在をも提供できる能力を持つかどうかにかかっていると思われるのであります[1]」。

（1）『ウェスト・フランス』紙、一九八七年二月十二日。

このような温泉の新たな利用法は、温泉療養に損害を与えるどころか、温泉滞在によって得られる効果の永続性を証明している。

健康づくりの治療は、それだけでフランスの将来の温泉療養を代表するのではないかと考えることは、当然のことながら単純化しすぎであろう。温泉リゾートにおいて行なわれている医学的研究は実際、医学的に管理される二一日間の伝統的な治療が多くの疾患に対する数少ない答えの一つであるということを明らかにしているのだ。

しかし、最近の温泉療養の進展は、温泉リゾートが予防医学の領域においてきたるべき将来に果たすであろう基本的な役割を証明しているというのも事実である。

歴代政府が頻繁にその演説の第一方針としておく言葉は、政府の活動の最終章にしか現われないのである。

フランスの温泉リゾート――適応症とレジャー施設

適応症

1＝消化器系・代謝系疾患，2＝リューマチ，3＝腎臓・尿道系疾患・代謝系疾患，4＝皮膚疾患・口腔疾患，5＝静脈疾患，6＝心臓動脈疾患，7＝神経病，8＝心身症，9＝発育障害，10＝呼吸器疾患、11＝婦人科疾患

レジャー施設

12＝カジノ，13＝文化的イベント，14＝テニス，15＝ゴルフ，16＝乗馬，17＝プール，18＝水上スポーツ

	温泉リゾート（所在県）	標高	営業期間	適応症とレジャー施設
1	エクサン・プロヴァンス（ブッシュ・デュ・ローヌ県）	94m	2/26～10/13	2,5,11,12,13,14,15,16,17
2	エクス・レ・バン（サヴォワ県）	260m	通年	2,12,13,14,15,16,18
3	エクス・レ・バン・マルリオーズ（サヴォワ県）	260m	通年	4,10,12,13,14,15,16,18
4	アレ・レ・バン（オード県）	200m	5/2～10/15	1,12,13,14
5	アルヴァール・レ・バン（イゼール県）	475m	5/11～9/22	10,13,14,17
6	アメリ・レ・バン（ピレネゾリヤンタル県）	230m	通年	2,10,12,13,14,17
7	アンネヴィル（モーゼル県）	210m	2月～12月	2,10,12,13,14,17
8	アルジュレス・ガゾスト（オート・ピレネー県）	460m	6/1～9/30	5,10,12,13,14,17
9	オーリュス（アリエージュ県）	778m	4/16～9/30	3,14
10	オーランサン（ジェール県）	250m	6/1～10/13	2,17
11	アヴェーヌ・レ・バン（エロー県）	350m	4/9～11/10	4
12	アクス・レ・テルム（アリエージュ県）	720m	通年	2,10,12,13,14,17
13	バニェール・ドゥ・ビゴール（オート・ピレネー県）	550m	4/30～10/20	2,8,10,12,13,14,16,17
14	バニョール・ドゥ・ロルヌ（オルヌ県）	220m	5/5～10/28	2,10,15
15	バニョール・レ・バン（ロゼール県）	913m	4/2～10/20	6,13,14

	温泉リゾート（所在県）	標高	営業期間	適応症とレジャー施設
16	バン・レ・バン（ヴォージュ県）	310m	4/2〜10/27	2,12,13,14,16,18
17	バラリュック・レ・バン（エロー県）	0m	2/15〜12/15	1,14
18	バルバザン（オート・ガロンヌ県）	450m	5/9〜9/30	2,5,13,14,16,18
19	バルボタン（ガール県）	131m	2/1〜12-23	2,5,13,14,16,18
20	バレージュ・セール（オート・ピレネー県）	1250m	5/14〜10/6	2,12,13,14
20	バルザン（オート・ピレネー県）	1250m	5/14〜10/6	10,12,13,14
21	ボーサン・レ・バン（オート・ピレネー県）	480m	6/1〜9/30	
22	ベルトゥモン・ロウエブイエール（アルプ・マリティム県）	960m	4/2〜10/27	2,10,14
23	ル・ブールー（ピレネゾリヤンタル県）	80m	2/26〜11/24	1,12,13,14,17
24	ブルボン・ランスィ（ソーヌ・エ・ロワール県）	240m	4月〜10月	2,3,12,13,14,17
25	ブルボン・ラルシャンボ（アリエ県）	246m	4/9〜10/20	2,11,12,13,14,17
26	ブルボン・レ・バン（オート・マルヌ県）	270m	3/1〜11/30	2,10,12,13,14,16
27	ラ・ブルブール（ピュイ・ドゥ・ドーム県）	850m	3/29〜9/30	4,9,10,12,13,14,16,17
28	ブリド・レ・バン（サヴォワ県）	600m	4/2〜10/27	1,2,12,13,14,17
29	カンボ・レ・バン（ピレネザトランティック県）	60m	2/26〜12/1	2,10,13,14,16,17
30	カモワン・レ・バン（ブッシュ・デュ・ローヌ県）	120m	3月〜11月	2,10,14.18
31	カプヴェルヌ・レ・バン（オート・ピレネー県）	465m	4/15〜10/15	1,2,3,12,13,14,15
32	カステラ・ヴェルデュザン（ジェール県）	110m	5/1〜10/31	1,4,14
33	コートゥレ（オート・ピレネー県）	1000m	5/2〜10/21	2,10,12,13,14
34	シャール・レゾー（サヴォワ県）	287m	4/2〜9/29	10,11,12,13,14,16
35	シャルボニエール・レ・バン（ローヌ県）	277m	通年	2,7,12,14,17
36	シャトーヌフ・レ・バン（ピュイ・ドゥ・ドーム県）	390m	5/2〜9/30	2,13,14
37	シャテル・ギュイヨン（ピュイ・ドゥ・ドーム県）	430m	4/25〜12/10	1,3,11,12,13,14,16,17
38	ショードゼーグ（カンタル県）	750m	4/30〜12/21	2,13,14,16

	温泉リゾート（所在県）	標高	営業期間	適応症とレジャー施設
39	コントレクセヴィル（ヴォージュ県）	350m	4/5〜10/11	1,3,12,13,14,16,17
40	クランサック（アヴェロン県）	13m	4/15〜10/20	2,14,17
41	ダクス（ランド県）	13m	通年	2,12,13,14,15,16,17
42	ディーニュ（アルプ・ドゥ・オート・プロヴァンス県）	609m	2/5〜12/15	2,10,13,14,15,16,17
43	ディヴォーヌ・レ・バン（アン県）	500m	通年	8,12,13,14,15,16,17
44	レゾー・ボーヌ（ピレネザトランティック県）	750m	5/21〜9/30	10,12,13,14
45	レゾー・ショード（ピレネザトランティック県）	650m	通年	2,10,14,17
46	アンギャン・レ・バン（ヴァル・ドワーズ県）	50m	通年	2,10,12,13,14,15,16,17
47	ユージェニー・レ・バン（ランド県）	85m	3月〜11月	2,3,14
48	エヴォー・レ・バン（クルーズ県）	469m	4/1〜10/22	2,5,11,13,14,17
49	エヴィアン（オート・サヴォワ県）	375m	1/28〜12/2	1,2,3,12,13,14,15,16,18
50	フォルジュ・レゾー（セーヌ・マリティム県）	175m	通年	4〜9（内服療法),12,13,14,16
51	レ・フュマード・レ・バン（ガール県）	200m	3/28〜10/31	4,10,12,13,16
52	グレウー・レ・バン（アルプ・ドゥ・オート・プロヴァンス県）	370m	通年	2,10,12,13,14,16
53	イゾラキオ・ディ・リュモルボ・ピエトラポラ（オート・コルス県）	120m	4月〜12月	2,17
54	ジョンザック（シャラント・マリティム県）	40m	2/26〜11/24	2,13,14,17
55	ラマルー・レ・バン（エロー県）	200m	1/29〜12/22	2,7,12,13,14
56	ルシェール・レ・バン（サヴォワ県）	440m	2/26〜11/30	2,5,11,13,14,16,17
57	ロン・ル・ソーニエ（ジュラ県）	255m	4月〜10月	2,9,12,13,14,16,17
58	リュション（オート・ガローヌ県）	630m	4/2〜10/21	2,10,12,13,14,15,16,17
59	リュクスイユ・レ・バン（オート・ソーヌ県）	300m	通年	5,11,12,13,14,15,16,17
60	リュズ・サン・ソヴール（オート・ピレネー県）	720m	5/14〜10/15	5,10,11,12,13,14,17
61	メズィエール（コート・ドール県）	350m	通年	2,8
62	モリトゥ・レ・バン（ピレネゾリヤンタル県）	450m	4/1〜11/30	4,10,1

	温泉リゾート（所在県）	標高	営業期間	適応症とレジャー施設
63	モンブラン（ドローム県）	610m	4月～10月	2,10,14
64	ル・モン・ドール（ピュイ・ドゥ・ドーム県）	1050m	5/15～9/30	2,10,12,13,14,15,16,17
65	モントロン・レ・バン（ロワール県）	326m	4/16～11/10	1,12,13,14,15,16,17
66	モルブロン・レ・バン（バ・ラン県）	183m	通年	2
67	ネリス・レ・バン（アリエ県）	375m	4/9～10/20	2,7,8,12,31,14,15,16,17
68	ネラック・レ・バン（アルデッシュ県）	370m	4/9～10/27	2,4
69	ニーデルブロン・レ・バン（バ・ラン県）	192m	通年	2,12,13,14,16,17
70	ペシェルブロン・レ・バン（バ・ラン県）	178m	3/19～12/1	2
71	プロンビエール・レ・バン（ヴォージュ県）	450m	5/2～9/30	1,2,12,13,14,15,17
72	プレシャコ・レ・バン（ランド県）	10m	3/25～10/27	2,10
73	ラ・プレスト・プラ・ドゥ・モロ（ピレネゾリヤンタル県）	1130m	4/2～10/27	3,13,14,17
74	プロピアック（ドローム県）	500m	4月～10月	1
75	レーヌ・レ・バン（オード県）	311m	4/9～11/11	2,13,16
76	ロシュフォール・スゥル・メール（シャラント・マリティム県）	5m	2/5～12/15	2,4,5,12,13,14,18
77	ラ・ロッシュ・ポゼ（ヴィエヌ県）	75m	通年	4,12,13,14,15,16,17
78	ロワイヤ（ピュイ・ドゥ・ドーム県）	450m	4/1～10/28	1,6,12,13,14,15,17
79	サユ・レ・バン（ロワール県）	310m	5/15～9/30	4,14
80	サンタマン・レゾー（ノール県）	17m	3月～12月	2,10,12,13,14,16,17
81	サン・クリストー（ピレネザトランティック県）	320m	4/2～10/27	4,14,17
82	サン・ジェルヴェ・レ・バン（オート・サヴォワ県）	600m	5/2～9/29	4,10,13,14,16,17
83	サントノレ・レ・バン（ニエーヴル県）	300m	3/13～9/30	10,12,13,14,16,17
84	サン・ラリ・スーラン（オート・ピレネー県）	830m	4/2～10/31	2,10,13,14,17
85	サン・ローラン・レ・バン（アルデッシュ県）	750m	4/1～10/31	2,18
86	サン・ネクテール（ピュイ・ドゥ・ドーム県）	740m	4/3～10/14	3,12,13,14,16

	温泉リゾート（所在県）	標高	営業期間	適応症とレジャー施設
87	サン・ポール・レゾー（ランド県）	12m	通年	2,5,12,13,14,15,16,17
88	サリ・ドゥ・ベアルヌ（ピレネザトランティック県）	56m	通年	2,9,11,12,13,14,15,16,17
89	サリ・ドゥ・サラ（オート・ガロース県）	300m	3/1～11/30	2,9,11,12,13,14,16,17
90	サラン・レ・バン（ジュラ県）	354m	4月～11月末	2,8,11,12,13,14,16
91	サントゥネ・レ・バン（コート・ドール県）	220m	通年	1,2,12,14,17
92	ソービュス・レ・バン（ランド県）	10m	3/10～11/27	2
93	ソージョン（シャラント・マリティム県）	7m	通年	8,13,14,17
94	テルスィ・レ・バン（ランド県）	14m	1/15～12/16	2,4,10,14,16
95	トノン・レ・バン（オート・サヴォワ県）	430m	通年	1,2,3,13,14,18
96	ユルバラコーヌ（コルス・デュ・スゥドゥ県）	280m	5/15～10/15	2,4,10
97	ユリナージュ（イゼール県）	414m	4月～10月	2,4,10,12,13,14,16,17
98	ユサ・レ・バン（アリエージュ県）	480m	通年	7,8,11,14,16
99	ヴァル・レ・バン（アルデッシュ県）	250m	通年	1,12,13,14,17
100	ヴェルネ・レ・バン（ピレネゾリヤンタル県）	650m	通年	2,10,13,14,17
101	ヴィシー（アリエ県）	263m	通年	1,2,12,13,14,15,16,18
102	ヴィッテル（ヴォージュ県）	335m	通年	1,2,3,12,13,14,15,16,17
103	ギュアーニョ（ニルス・デュ・スゥドゥ県）			2
104	サン・クロード・マトゥーバ・パヤイェ（グアドループ）	828m	通年	2,4,10,13,18
105	クラオス（レユニオン）	1200m	通年	2,3,14,15,18

出典：『温泉療養ガイド』（1990年）

州別の温泉施設における療養者数（1989年）

州名	温泉リゾート数	療養者数	増減(%)
ローヌ・アルプ州	18	106,322	+2.78
オーヴェルニュ州	10	103,080	-1.05
ミディ・ピレネー州	20	101,633	+3.08
ラングドック・ルシオン州	12	81,896	+1.65
アキテーヌ州	9	76,756	+3.78
プロヴァンス・コートダジュール州	5	46,192	+4.21
ロレーヌ州	5	24,973	+6.41
ポワトゥー・シャラント州	4	18,214	+4.82
バス・ノルマンディー州	1	16,469	+7.22
シャンパーニュ・アルデーヌ州	1	13,591	-0.11
アルザス州	3	10,974	-0.96
ブルゴーニュ州	4	8,458	+1.78
フランシュ・コンテ州	3	5,220	-0.65
イル・ドゥ・フランス州	1	3,139	+2.95
リムーザン州	1	2,106	+5.88
ノール州	1	1,984	+1.54
コルシカ州	3	662	+13.94

出典:『温泉療養広報』(1990年2月)

第二章　温泉の経済

「世界はとてもちっぽけだ。僕の村は無限だ」

ジョルジュ・サラマン(1)『ポーラン・ドゥ・バラル』

五五万人ものフランス人が温泉リゾートに居住している。つまり、フランスの全人口の一パーセント強ということになる〔二〇〇五年現在、フランスの人口は六〇五六万一〇〇〇人〕。人口一二万のエクサン・プロヴァンスから人口一〇〇人のサユ・レ・バンまで、フランスの温泉リゾート全体は、二〇万ベッド近くの収容力を持ち、年間六〇万人以上の治療客を受け入れている。ホテルの客室は五万、家具付き賃貸アパート類のベッド数は九万、三万のキャンプ区画、専門的な受け入れ家庭のベッドが七〇〇〇と、こうした収容力を見ると温泉療養は確かに真の産業のように見える。

（1）現代の歴史家。アルヴァール・レ・バン出身。『ポーラン・ドゥ・バラル――ドーフィネのリベルタン――大革命前夜の放蕩』は一九九六年出版〔訳注〕。

温泉療養にはフランスの四〇の県が関係し、合計一五〇カ所の温泉療養センターが存在し、六〇〇人の医師が勤務し、公認の源泉は一二〇〇カ所を数える。

われわれの大地からの自然の恵みとして代々にわたって注意深く守られ、利用されてきた鉱水は、重要な経済的対象物であり、温泉リゾート間では実際の競争が引き起こされている。

六四万人の治療客と彼らに付き添う四〇万人の人びとは、毎年五〇億フラン〔およそ七億六二二〇万ユーロ〕以上と推計される活動と、延べ一三〇〇万のホテル滞在日とを生みだしているのである。

I　温泉の競争

1　公営リゾートと民営リゾート

多様な進展の結果として、温泉リゾートの運営方法は均質という姿からはほど遠い。

あらゆる管理方法が存在するが、そうした多様な方法は、温泉リゾートの医学適応症の多様性やリゾートの地理的状況のせいであるというわけでもない。そうした多様性はフランスの温泉療養にとって、真

公営リゾートの所有者と運営方法

施設所有者	リゾート数	開発形態	
		直接運営	利用権設定
国	5	1	4
県	5	0	5
コミューヌ	29	17	12
コミューヌ組合	1	1	0
病院とホスピス	3	0	3
合　計	43	19	24

の競争において公私の取り組みに道を開く切り札となっている。

現在のところ、フランスの一〇四ヵ所の温泉リゾートのなかで、五ヵ所が直接・間接的に国の監督後見を受け、三〇ヵ所以上がコミューヌによって、六〇ヵ所が民間組織によって運営されている。

(A) 公営

国と地方自治体は直接にいくつかの温泉療養施設の管理と運営に関わっている。

国家所有のリゾート——国は歴史的経緯によって五ヵ所の主要リゾートの所有者である。エクス・レ・バン(来訪者数最大のリゾート)、ヴィシー、ブルボン・ラルシャンボ、ブルボーヌ・レ・バン、プロンビエールである。エクス・レ・バンはこのなかで特殊な位置を占める。

エクス・レ・バンの温泉施設は、国が直接管理する唯一の施設である。この温泉施設は、まず一八六〇年にサヴォワ地方がフランスに割譲されたときにナポレオン三世が国有化し、「帝室」温泉施設となった。ついで一八七〇年に「国立」温泉施設となった。一九五八年九月二十五日の政令によってエクス・レ・バンの温泉施設は、法人格と自主財源を持つ行政的性格の公施設法人〔日本の特殊法人にあたり、行政的性格と商工的性格の二種類がある〕となったが、その運営と財政に関する組織は一九六一年五月二十日の修正政令で規定されている。

この国立温泉施設の予算はこの施設に固有のものであり、建物は国に属すが、その正常な運営を確保するためには「責任者の任命」が行なわれなければならない。厚生大臣は、施設のトップに二つの委員会〔運営委員会と現地運営委員会〕と一つの技術委員会から補佐される施設長を任命する。サヴォワ県知事が議長となる一〇名からなる運営委員会は、いくつかの下部委員会から構成され、「その決定によって一般的な運営や資産運営に関する諸問題を解決し」、同じく一〇名からなる現地運営委員会は温泉施設のスタッフに関する個人的な問題を扱う。技術委員会も一〇名で構成され、温泉施設でのさまざまな仕事の運用や組織化に関係する問題の調査と検討にあたる。

国所有のその他の温泉施設は公役務委託[1]である。〔公役務委託〔行政法の範囲内で行なわれる〕とは、活動の管理を民間組織に委託することである。この権利の行使には公共サーヴィス、とくに商工的性格の〔公共サーヴィスの存在が含意されている。条件明細書〔行政契約において相手方の義務や権利を詳述する行政文書〕を伴うこのシステムは契約に基づく。実際、契約条項は資金的な面と利用権設定期間、それに規制条項〔利用権の設定を行なう行政機関がサーヴィスの働きと組織化に関して権利受益者に課する〕に関わる。

サーヴィスの運用は、競争から保護されている権利受益者のリスクにおいて行なうが、行政は活動を管理する権限を持つ。利用権を設定する主要な基準は、使用料制度によって権利受益者が得る利益に関係する。利用権設定期間は原則として三〇年間である。たとえばヴィシーの場合、利用権設定は一九七一年から二〇一一年までである。これら国有の四カ所の利用権設定について国側の窓口は政府委員である。[2]

(1) 公役務特許とも訳される。契約に基づき私人に管理を委託する公役務の管理形態で、委託を受けたものはみずからのリスクにおいて活動し、公役務の利用者から徴収する料金を収入とする〔訳注〕。

(2) 公役務委託とヴィシーのケースについて、もっと多くの情報を得るためには以下を参照。ジャン・クリュゼル『政府と温泉療養』パリ、LGDJ、一九八三年、二三一〜二六〇頁。

地元自治体所有の温泉リゾート――公的管理のもとで運営される温泉リゾートで、温泉施設の運営に携わるのは主としてコミューヌである。そうしたコミューヌは地域経済に温泉療養が及ぼす、日々確認できる影響を考慮しながら、精力的に運営に当たっている。

国と同じくコミューヌが用いる二つの運営方法は、直接管理と利用権設定による委託である。

直接運営は、行政が直接にこの公共サーヴィスを行なう。ある意味で直接運営は公共サーヴィス運営の普通の方法である。このサーヴィスは所属先の公共団体とは別の法人を必要としない。というのも、そういった公共団体はサーヴィスを監督し、その財とスタッフを使ってサーヴィスの運用を保証するからである。したがって財政的自立はありえず、権限の上下関係に縛られることになる。

一五以上のコミューヌがこの直接運営方式を採用している。[1] 同様に、バレージュ・バルザンのコミューヌ組合もこの手法を採っている。

（1）アレ・レ・バン、アルジュレス・ガゾー、バニェール・ドゥ・ビゴール、バラリュック、バルバザン、カステラ・ヴェルデュザン、ディーニュ、ディヴォーヌ、ラマルー・レ・バン、リュション、ネリス、ロワイヤ、サラン・レ・バン、トノン、サン・ソヴールなど。

運営組織のメンバーは、首長や県知事が任命する。予算は運営委員会で採択されるが、この予算はコミューヌの全体予算に追加される。コミューヌは直接運営と平行して、行動がどうしても民間企業よりも遅くなる構造的な問題を解決する目的で、ディーニュにおけるようにリゾートのプロモーション活動を行なったり、付随的な活動を軌道に乗せる役割を持つ混合資本会社〔日本の第三セクター企業にあたる〕を同時に設立することもできる。

国による利用権設定に適用できる法規制は、もちろん地方自治体による利用権設定に関しても適用できる。このタイプの運営は次のような温泉リゾートで行なわれている。エクサン・プロヴァンス、ラ・ブルブール、ブリド・レ・バン、カプヴェルヌ・レ・バン、オー・ボーヌ、オー・ショード〔アキテーヌ州ピレネザトランティク県の温泉リゾート〕、アンギャン、エヴィアン、ロン・ル・ソーニエ、リュクスイユ、ニーデルブロン、サン・ジェルヴェ、サリ・デュ・サラ〔ミディ・ピレネ州オート・ガロヌ県の温泉リゾート〕である。

目立って大胆な取り組みは、しばし長期にわたって経営努力を続けている公営の温泉リゾートで見られる。というのも、温泉療養はコミューヌにとって最も有望な経済的将来性をになっているからである。このことは新たな温泉リゾートの数が絶えず増加していることからもわかるように、発展の潜在性がまだ有望であることの証である。それに実際いままでのところ、開発されているのは源泉の一部でしかない。すなわち、調査された源泉全体のうち、開発されているのはせいぜい一〇パーセントほどなのである。

モーゼル県のアンネヴィルの温泉リゾートは、一九八六年にコミューヌが開発した最近の温泉リゾートの一例である。認可までに一〇年かかったこの温泉は、コミューヌの取り組みから生まれ、近距離温泉療養を発展させた。この温泉リゾートはただコミューヌの権限に属しているだけではない。管理と運営は一九〇一年法〔非営利社団の設立を認めた〕による自治体設立の運営団体に委託されている。この組織の長は当然のことながらコミューヌの首長が務める。この新温泉リゾートは、五年でフランスの温泉リゾートのトップ二〇にランクされるほどになった。この成功は強調されるに値する。

県立の温泉リゾートについては、どの県も温泉リゾートの開発は直営形式ではなく、基本的にはコミューヌの例に倣った混合資本会社か民間企業に利用権を設定するという形によっている。こうした運営形式での有名な例にはバニョール、レ・フュマード〔ラングドック・ルシオン州ガール県の温泉リゾート〕、ル・モン・ドール、サンタマンが挙げられる。

（B）民営

全温泉リゾートのうちで半数近くを占める民間による温泉療養施設の運営は、温泉の将来は単に公権力だけに依存するのではないということ、温泉リゾートの経済的発展はまた競争と市場論理のなかにも含まれているということを示している。

こうした民間の運営は、個人ないしは私法上の法人（株式会社、有限会社、民事会社）、あるいはさまざまな組織（混合資本会社、社会保障の地域金庫）などによって行なわれる。

個人ないし民間企業——個人ないしは民間企業による運営方式は、温泉施設の大部分で見られる。それらの身分と運営規則は温泉施設の法的形態によるが、以下の二点を除いては共通の法制に従う。

——社会保障が要請する特殊な規制である衛生設備や医学設備に関して（許可条件）。

——行政のコントロールで一定額に定められる料金について（一九四五年六月三十日の政令、サーヴィス提供に関する適用令、全国疾病保険金庫と専門家のあいだに一九七二年六月二十六日に結ばれた基本協定）。

その他——その他の種類の温泉施設運営方式としては、社会保障の地域金庫によるもの（モルブロン・レ・バン〔アルザス州バ・ラン県の温泉リゾート〕とニーデルブロン・レ・バン）や病院・ホスピスによるもの（ブルボン・ランスィ、ヴァル・レ・バン）などがある。

2　温泉リゾートの投資

(A) リゾートの近代化

リゾートの設備――フランスには現在一四〇ヵ所の温泉施設がある。温泉施設はリゾートの中心であり、またリゾートのあらゆる発展の出発点である。温泉施設には毎日、従業員が出勤し、治療客が訪れ、その建物と活動は町の産業の経済的重要性の象徴となっている。

企業としての温泉療養施設は、受け入れ能力と治療客に提供されるサーヴィスの質の改善や近代化の拡大を狙っている。

そうした規模の計画（ビル建設、近代治療設備、土地に適した建築材料、ボーリング、引湯）に必要な資金は多額に上るので、多くの予備調査が施設の実際の建設や改修に先立って行なわれる。

そして大規模な工事が行なわれるためには次の四点が必要である。

――温泉医の処方を分析して、温泉リゾートで行なわれることになった計画の性質と数、期間についての進行計画を作成して、明確にすること。

――シーズンの長さによって異なる来訪者の年齢・性別・階級などの実数を分析すること。

――治療期間を見積もり、治療スタッフとともにサーヴィス費用表を作成すること。

――工業簿記を使って、諸計画の財務調査を行なうこと。

こうした正確な調査をもとにして建築家は適合したプランを作成するが、このプランは将来的に治療客や医師、スタッフの欲求に従う変化の可能性をつねに秘めている。

近代化の努力は一九七〇年代初頭から大規模に行なわれてきた。こうした努力は、国からの権利受益者、県やコミューヌ、民間の所有者など温泉施設の所有者すべてが行ない、また主要温泉地域(とくにオーヴェルニュ、ローヌ・アルプ、ヴォージュ、ミディ・ピレネー、アキテーヌ、ラングドック・ルシオン)のあいだでかなりバランスが取れた状態で行なわれた。

しかしながら、投資に頼る、そしてさらには融資頼みのこのような近代化努力は全体的に見て遅かった。実際、温泉療養は投資家の目から見れば充分に収益性を持つようには見えなかった。観光のほうが遥かに早く投資を回収できたのである。

温泉施設の開発者は年賦の重さや、季節的な活動を考慮に入れた月々の返済の困難さ、そして政府による料金の厳しいコントロールなどを考えて、負債を負うことをためらってきた。

そうした困難さに温泉療養の売上高の少なさが付け加わる。投資は原則として売上高の四倍を超える額になってはならないのだ。

おそらくこれらの理由から、温泉への投資が行なわれたのは時代遅れの施設や近代化要求への不適合などに結びついた温泉療養の本当の危機のときでしかなかった、ということが説明できるだろう。温泉施設改修の開始を見るのには一九七三年を待たねばならなかった。この年に融資額が増加したのである。投資の加速は全般的な近代化の動きに基づいている。こうした現象によって、以下のような活力ある温泉リゾート（年代は工事終了年）が出現したが、そうしたリゾートは早めの投資によって他のリゾートよりも近代温泉療養の要求に応えることができた。ロシュフォール〔ポワトゥー・シャラント州シャラント・マリティム県の都市、温泉リゾート〕（一九六〇年）、アルヴァール（一九六一年）、ラ・ルシェール〔ローヌ・アルプ州サヴォワ県の温泉リゾート〕（一九六三年）、エクス・レ・バン（一九六六年から一九七〇年）、ダクス（一九六八年）、バラリュック（一九六九年）、リュション（一九七〇年）、ラ・プレスト（一九七〇年）、ヴェルネ・レ・バン〔ラングドック・ルシオン州ピレネゾリヤンタル県の温泉リゾート〕（一九七〇年）、ブリド・レ・バン（一九七二年）、アメリ・レ・バン（一九七六年）である。

当時メンテナンスのための投資は、多額の改修投資や現在でも優勢なきわめて重要な性質の工事（ヴィシー、アンネヴィル〔ロレーヌ州モーゼル県の温泉リゾート〕、ユリナージュ、アルヴァール、ディヴォーヌ、モントロン、モンブランなど）にむけての投資の脇に追いやられていた。

宿泊――温泉リゾートの提供する宿泊の潜在力は相当なものである。同時に三四万人の宿泊が可能である。宿泊と受け入れのこうした施設はまさに多種多様である。豪華ホテルの消滅が見られるとはいえ、

各宿泊方法の割合

	温泉リゾート（%）	国内宿泊施設のなかの割合（%）
家具付き賃貸アパート類	42	34
ホテル	31	25
キャンプ	15	28
公営宿泊施設	12	13

（ジャモ『フランスの温泉療養と温泉町』，531頁からの抜粋）

ホテルや家具付き賃貸アパート類、公営の宿泊施設やキャンプ場、子供用宿泊施設などの拡大を確認することができる。

温泉リゾートを宿泊という観点から見ると、フランスの観光施設に、とくにホテルや別荘、キャンプといった形で、大きく貢献している。ホテル施設——一九八一年に宿泊収容力は一〇万六〇〇〇ベッドであったが、そのうち九万二〇〇〇ベッドが観光ホテルであった。

温泉リゾートのホテルは、良質で、全国平均を上回る規模であり、八七パーセント近い客室が観光用の格付けを受けているが、これは他の観光分野には見られない特徴である。宿泊分野におけるホテルの地位は控えめなものであるが、無視できるというわけではない。というのも、ホテルは家具付き賃貸アパート類についで第二番目の位置を占めているからであり、またホテルはその性質上、多数の雇用を創出するからである。

しかし、ホテルはときとして、たとえばオーヴェルニュ州におけるように決定的な役割を果たすこともある。同州のホテルは、利用可能な宿泊収容力の四七パーセントを占めているのである。したがって国内観光施設における温泉リゾートの宿泊収容力は相当なものである。たとえば温泉リゾート全体のなかで、二五〇〇人以上の宿泊収容力のあるホテルが存在する全国的な大規模中心地が一〇カ所ほど見られる。ホテル施設についてみると、ホテル数の一五パーセント、受け入れ施設の一二パーセントを占めて温泉リゾートのなかで第一の位置を占めるヴィシーは、全国レヴェルで見ると、パリ、ルルド、ニースについで第四位である。格付けホテルについて見ると、ヴィシーはリヨンやマルセイユの水準である。

このように温泉療養は、全国的および地域的なホテル施設の建設に第一級の位置を占めているが、温泉リゾートにおけるホテルの問題はしばしば季節的な営業に結びつき、このことは投資の資金繰りを複雑にし、ホテルの生みだす雇用の大きさを減じてしまうので、ホテル経営はきわめて管理しやすいとはいえないのである。

家具付き賃貸アパート類――この種の賃貸施設のベッド数の増加は、一九五〇年から七〇年にかけて見られるホテルのベッド数の急激な増加に直接関係している。

しかしながら、その大部分がプライベイトに関するこの分野における正確な推計を得るのは困難である。家具付き賃貸アパート類の数は、一九八四年において一四万と推計されている。このかなりの数字は、家具付き賃貸アパート類への滞在費用がホテルへの滞在費用よりも明らかに低いという理由から、そしてとりわけ社会政策による温泉療養の爆発的発展という理由によって説明できる。

キャンプ、オートキャンプ――キャンプ、オートキャンプは家具付き賃貸アパート類と同様、この種の宿泊形態が治療客にもたらす宿泊代の節約に直接結びついて大きな発展を遂げた。二〇〇以上のキャンプ場で同時に五万人以上が宿泊できると推計されている。大部分のコミューヌは、温泉滞在の拡大に役立つこの種の宿泊形態の整備を助成している。最新の傾向は、ひたすら最大限の設備を整える方向に向かう三つ星のキャンプ場、オートキャンプ場の設置である。

公営施設――この種の宿泊施設は、第二次世界大戦後の社会保障制度の創設に伴って発展してきたが、四万近い宿泊収容力、つまり全国総数の五パーセントほどの宿泊収容力を持つに至った。それらの施設は均質ではないが、温泉リゾートの三分の一ほどに集中している。

伝統的にこうした社会政策的色彩の濃い宿泊施設は、温泉病院や療養所、児童合宿(1)などに関係してきた。しかし、この種の宿泊施設も、ますます強まる快適さへの要求を受けて進展、多様化してきた。療養所の運営（地方自治体の所管）は（許可形式であれ、協定形式であれ）民間の運営が優位を占める傾向にあり、その結果、いっそう裕福な客層を対象とするようになった。

（1）学校休暇を利用して行なわれる児童生徒の林間学校、臨海学校などで、社会政策的宿泊の最も古い形態の一つ〔訳注〕。

したがって一九六〇年代から、キャンプやオートキャンプと並んで公営施設への宿泊は、家族休暇施設や家族民宿、休暇村などといった、もっと観光的な性格の宿泊のほうに向かうようになった。

国の支援——温泉療養に対して実際のところ、国はどのような役割を果たしているのだろうか。国は、温泉療養は他の治療法ほどは目覚ましくない医学であるという認識を持った消極的な擁護者なのだろうか。それとも国は、保健費の節約（温泉療養患者が治療を受けたあとに欠勤率が下がるということで、あるいは薬品の消費が減少するということで、温泉療養の成果は明白である）を意識した控えめな推進者なのだろうか。

あたかも温泉療養に観光的な価値を認めることは、自動的に温泉療養の医学的効果を疑問視することを意味するかのように、温泉療養の観光的な機能がつねに貶められてきたのに対して、理屈に合わないように見えるが、温泉療養の発展を助成してきたのは、観光を担当するさまざまな機関（総合観光庁、観光担当省[1]、青年スポーツレジャー省）なのであった。

(1) 観光担当省は、さまざまな巨大官庁の一部として存続した期間が長く（現在も運輸・施設・観光・海洋省の一部である）、大臣の身分も関係案件が出されたときにのみ閣議に出席できる閣外相（スクレテール・デタ）の扱いが長いが、二〇〇六年現在ではつねに閣議に出席する特別問題担当相（ミニストル・デレゲ）となっている。なおフランスでは、内閣が交替するごとに省庁の再編が行なわれるのが通例なので、本書に記された省庁名は年代が記されている場合以外はすべて本書刊行時の一九九〇年のものである〔訳注〕。

温泉投資への国家の努力は多彩な形態を持ち、以下のようなさまざまな機会に表明されてきた。

——保健省によって一九七五年以来支出されてきた直接補助金。

——一九五五年に設立された経済社会開発基金からの貸し付け。この貸し付けによって一九七五年までに温泉施設は低利融資を受けることができたのであった。

——一九六九年以前は、三・五パーセントの優先利率に一五年払いの五パーセントの通常利率が加わっていた（工事費の五〇パーセントまでの融資）。

——一九六九年から七五年までは、新たな建設や改修工事についての五パーセントの優先利率に、一五年払いの六・五パーセントの通常利率が加わる（工事費の五〇パーセントまでの融資）。

——一九七五年以降は、投資額の三〇パーセントから五〇パーセントまでの支出についての八・五パーセントの優先利率に、税引き前の投資総額の三五パーセントまでの九・七五パーセントの通常利率が加わる。

温泉施設の所有者や開発者の負債は、経済社会開発基金からの資金調達や、ホテル銀行中央金庫からの貸し付けによって、二五〇万フラン〔およそ三七万八八〇〇ユーロ〕までまかなわれた。負債の償還期間は、一五年（近代化と増築工事の場合）から二〇年（新築の場合）までと幅がある。しかし、経済社会開発基金の貸し付け条件における主要な問題は、大きな割合の自己資金を用意しなければならないということであるが（預金供託金庫から貸し付けを受けられる直接運営形式を採るコミューヌを除いて、投資総額の五〇パーセントが自己資金でなければならない）、その一方で、温泉療養産業の人件費は圧縮不可能で、付加価値税は高く、パック料金は厳密に抑えられているのである。

——州の開発プログラムの範囲内での国家の参加は増加している。

施設への投資や近代化の特別計画を実施するためには州と国とのあいだの契約が問題となる。こうした性格を持つ最初の取り組みは、一九七九年から八三年にかけて実施された中央山岳地帯の特別開発計画であり、一五の温泉リゾートが含まれていた。[1] 国家の支援（さまざまな関係省庁を通しての）は、当時三三七二万フランにのぼった。目標は温泉施設の近代化、宿泊収容力の拡大、温泉街整備であった。州の公的機関も国の努力に参加して、国と同じレヴェルでこうした近代化計画に資金調達を行なった。

（1）一五のリゾートは以下の通り。ブルボン・ラルシャンボ、シャマリエール、シャトーヌフ・レ・バン、シャテル・ギュイヨン、ショードゼーグ、エヴォー・レ・バン、ラ・ブルブール、ル・モン・ドール、ネリス・レ・バン、ネラック・レ・バン、サン・ローラン・レ・バン、サン・ネクテール、ロワイヤ、ヴァル・レ・バン、ヴィシー。

同様に、大南西地域一〇年計画は、一九八〇年に実行されはじめたが、この一〇年計画は国との温泉契約に署名しうる一五ほどの温泉リゾートを含んでいた。[1]

（1）関係リゾートは以下の通り。オーリュス、バニェール、バルバザン、バルボタン、バレージュ、カプヴェルヌ、カステラ・ヴェルデュザン、コートゥレ、クランサック、ラコーヌ、リュション、リュズ・サン・ソヴール、サンタントナン、サリ・レ・サリュ。

この計画に割り当てられた目標は、温泉研究の発展、公衆だけではなく医学界に向けての温泉療養のプロモーション活動、関係リゾートの発展（宿泊、施設の近代化など）である。さまざまな省庁が予算化した融資は、五年間で七〇〇万フラン〔およそ一〇六万七〇〇〇ユーロ〕に上った。

最後に、一九七九年にヴォージュ地方の四つの温泉リゾートもまた、ヴォージュ山地の各県で国が温泉療養へのてこ入れの援助をするように求めた。しかしながらパートナーと資金源は増加しているが、こうした活動は限定的なものにとどまっている。

最近、投資援助の新たな形態が出現した。以下のような国・州のプラン契約[1]である。

（1） 地方分権化にともなって開始された国から州への一種の財政援助で、国と州が協議して共通目標を定め、それに沿った計画に国が資金供与を行なう。一九八二年から開始され、契約期間は五年で更新も可能である〔訳注〕。

——オーヴェルニュにおける国・州のプラン契約（一九八四～八八年）。この最初の国・州のプラン契約は、一九八四年二月二十七日に国とオーヴェルニュ州議会とのあいだで調印された。これは一九七九年の特別計画を延長したもので、オーヴェルニュの温泉リゾートの発展への包括的なアプローチを導入した。

国からの二二〇〇万フラン〔およそ三三五万三六〇〇ユーロ〕の融資と州からの二八〇〇万フラン〔およそ四二六万八三〇〇ユーロ〕の融資によって、介護や治療用の施設の近代化、それに宿泊施設の改築と温泉リゾートの環境改善という二種類の目標のために、総額一億五〇〇〇万フラン〔およそ二二八六万五八〇〇ユーロ〕を越える工事が可能となった。

——温泉療養のための他の大規模な取り組みとして、ローヌ・アルプ州の国・州のプラン契約

（一九八五～八八年）。ここでもまたローヌ・アルプ州の温泉リゾート近代化と一九九二年（理屈では欧州単一市場の発足とオリンピック〔ローヌ・アルプ州サヴォワ県のアルベールヴィルを中心に開催された冬季五輪大会〕の年）までに温泉リゾートに備えをさせることが問題である。この契約（その内容はギ・カバネル上院議員とムリエス博士の共同作業に大きく負っている）は以下の六つの温泉リゾートに関係している。アルヴァール・レ・バン、ブリド・レ・バン、ディヴォーヌ、ラ・レシェール、ユリナージュ、サン・ローラン・レ・バン。一九八七年と八八年のあいだに「源泉の国」の温泉リゾートの温泉施設や宿泊施設、環境を改善するために六億二三〇〇万フラン〔およそ九四九六万九五〇〇ユーロ〕が投資されたが、この努力は以後オーヴェルニュ州を押さえてフランス一の温泉リゾート州となったローヌ・アルプ州の一七カ所の温泉リゾートに一日あたり一〇〇万フラン〔およそ一五万二四〇〇ユーロ〕を投資した形になる。それにブリド・レ・バンをオリンピック村に、ラ・レシェールを国際プレスセンターとした選択によって、サヴォワ地方では冬季オリンピックの二つの主要な場所がフランスの温泉療養の場におかれることとなったのである。

かくして合計で第九期経済計画の枠内でフランスは、州と温泉リゾートを結びつける契約に一億フラン〔およそ一五二四万三九〇〇ユーロ〕以上を投資した。

これはフランスの公衆衛生関連の予算から見れば確かに微々たる額かもしれないが、それでも六万人以上（そのうち一万八〇〇〇人が通年雇用で、四万二〇〇〇人が季節雇用）を雇用している分野の発展に国が関心を寄せていることを示しているのである。

（B）フランスの温泉リゾートの宣伝活動

温泉リゾートチェーンの創設——温泉施設への投資は、レジャー用の保健設備やホテル施設などに限られない。リゾートの宣伝を行なうということは、その潜在力を明るみに出し、そのブランドイメージを活性化し若がえらせ、新たな治療客の誘引を試みる方向で、広報活動に全力をそそぐということである。

温泉リゾートがそのことを理解したのは、ほんの数年前からで、民間の取り組みがとくに「チェーン」方法で増加してきた。これはよりよい経営とよりダイナミックで効率的な販売戦略を行なう目的で温泉リゾートが結集したものである。こうしたリゾートグループは温泉療養の最近の特徴の一つである。

真のリゾートチェーンは今すでに四つ存在している。ソレイユ温泉チェーン、ユーロテルム、プロモテルム、テルマフランスである。これらのグループは同業者を集め、運営条件の調整を行なっている。他方、こうした温泉リゾート間の協定は技術的商業的な枠組みを越えて、温泉療養の地位向上の努力を共同して行なっている。各温泉チェーンの特徴を生かして、受け入れの等しい質を保証しながら「温泉滞在商品」を提供する意志が見られるのである。

一部の温泉関係者から反対があるものの、それでも温泉チェーンは温泉商品の販売のための真に近代的な形態であり、この数十年間増加してきたホテルチェーンやその他宿泊施設、受け入れ施設を温泉療養に適合させようという動きである。こうしたチェーンのいくつかの商業的な成功（それによって健康よりも利益を優先させたとの疑念を持たれることにもなったが）が引き起こした論争を越えて、そうしたチェーンは、医学的な形態や、温泉リゾートの観光的な側面も含めて、温泉療養のブランドイメージの擁護において重要な役割を果たしている。

ソレイユ温泉チェーンは、一四の温泉リゾートの結集であるが〔現在、傘下のリゾート数は二一〕、フランスの温泉療養において独自の位置を占めている。このチェーンは、温泉の所有権の明示的取得が特徴である。このチェーンは一番最初のもので、最大数の温泉リゾートを集めている。売上高は五億フラン〔およそ七六二〇万ユーロ〕を越えており、その活発な活動はフランスの温泉療養の復活やそのイメージ回復に大きく貢献している。

このチェーンは、一九四七年にアドリアン・バルテレミがモリトゥ・レ・バンを買収し、パリに温泉療養会館を開設したのと同時に設立したフランス温泉療養会社という企業が運営している。ついで一九六〇年代にこの会社は、成長が鈍化したり閉鎖されたりしたすべての温泉リゾートを順次買収していった（ユージェニー・レ・バン、カンボ・レ・バン、サン・ローラン・レ・バン、ジョンザックなど）[(1)]。

（1）買収年：バルボタン（一九六〇年）、グレウー・レ・バン（一九六二年）、ユージェニー・レ・バン（一九六三年）、サン・クリスト（一九六五年）、カンボ・レ・バン（一九七五年）、アメリ・レ・バン（一九七八年）、ラ・プレスト（一九八〇年）、ル・ブールー（一九八四年）、ジョンザック（一九八六年）、サン・ローラン・レ・バン（一九八六年）、ラマルー・レ・バン（一九八六年）、バン・レ・バン（一九八七年）、ペシェルブロン（一九八七年）。

各リゾートでは、温泉施設の責任者とホテル部門の責任者に補佐される管理職が現地で運営にあたる。こうした温泉リゾートがフランスの南半分に展開しているので、このチェーンは文字通り「ソレイユ温泉チェーン」という名称〔ソレイユはフランス語で太陽の意〕を、ついで一九八三年にはフランス内外での新たな温泉事業のために「ノヴォテルム」という名称を使用している。

このチェーンの特徴は、近代化の努力と温泉リゾートの地位向上活動である。つまり、フランス内外の温泉療養をよりよく知ってもらうために活動している。たとえばこのチェーンは、フランスの周囲の国々においてフランスの温泉施設の品質と魅力を強調して、温泉療養のブランドイメージを改善し、高めようとしている。したがって、この発展戦略はフランスの南半分という範囲を越えた温泉リゾートに及んでいるのだが、それはたとえばバン・レ・バンの場合であり、この温泉リゾートはロレーヌ州南部にある四つの温泉リゾートのうちの一つであり、ヨーロッパ中心部への進出の第一歩である。またバ・ラン県に位置するペシェルブロンは、このチェーンが一番最近に買収したリゾートである。

北欧へ向かうこのような戦略は、商業的なアンテナショップ（ストラスブールやジュネーヴ）や情報提供センター（ブリュッセル）を設置する動きと対になっている。ソレイユ温泉チェーンは、同一の所有者に属し、おおいに発展的なプロモーション戦略を持ち、きわめて複合的な唯一のチェーンである。以下に見る、もっと最近に結成された他の温泉チェーンには、比較的少数の温泉リゾートが結集している。

――ユーロテルムは、以下の八つの温泉リゾートが参加している〔現在、傘下のリゾート数は六〕。エクサン・プロヴァンス、カプヴェルヌ、コートゥレ、シャテルギュイヨン、スィラオス〔海外県のレユニオン島の温泉リゾート〕、ラ・ブルブール、レゾー・ボーヌ、ロシュフォール・スュル・メール。

――プロモテルムは、ブルボン・ラルシャンボやクランサック〔ミディ・ピレネ州アヴェロン県の温泉リゾート〕、シャトーヌフ・レ・バン〔オーヴェルニュ州ピュイ・ドゥ・ドーム県の温泉リゾート〕、ル・モン・ドール、プレシャック〔アキテーヌ州ランド県の温泉リゾート〕、サントノレ・レ・バンが参加している。

――テルマフランスは、ブルボン・ランスィ、ブルボーヌ・レ・バン、プロンビエールという三つのリゾートが参加している。

――テルマリアンスは、品質憲章に署名した以下の一二カ所の温泉リゾートが参加している。オーリュス・レ・バン〔ミディ・ピレネ州アリエージュ県の温泉リゾート〕、エクス・レ・テルム〔ミディ・ピレネ州アリエージュ県の温泉リゾート〕、バニェール・ドゥ・ビゴール、バラリュック・レ・バン、バレージュ、ベルトゥモン・レ・バン〔プロヴァンス・アルプ・コートダジュール州アルプ・マリティヌ県の温泉リゾート〕、ディヴォーヌ・レ・バン、ロン・ル・ソーニエ、リュション、リュズ・サン・ソヴール〔ミディ・ピレネ州オート・ピレネ県の温泉リゾート〕、モンブラン、レーヌ・レ・バン。

——ヨーロッパ温泉療養会社は、ヨーロッパ規模（フランス、オランダ、ベルギー）での新たな温泉療養チェーンの展開を目標としている。三大株主（ソデスコが四五パーセント、ストラテジー・エ・デヴロップマン・アンヴェスティスマン、コントワール・デ・ザントロプルヌール）から構成されるこの会社は、一九九二年の冬季オリンピックの選手村であったブリド・レ・バンを選び、この温泉リゾートをこのチェーン傘下のリゾート売り出しのテストケースとした。

温泉リゾートはその立地において、そして治療対象の疾患において、公衆にできる限り幅広い選択権を与えるために多様化を目指している。

この種のチェーンの構造はソレイユ温泉チェーンとは異なっている。というのも、こうしたチェーンを構成するリゾートは同一の所有者に属してはいないからである。リゾート間の協定は部分的なもので、基本的には投資と販売促進を目標としている。

そのためそうしたチェーンはユーロテルムのように、社団と企業の中間形態である経済利益団体(1)という形を取ることもあるが、こうした形態によって契約を行なう各リゾートは、自分たちの経済活動を容易に行なったり発展させたりすることのできるあらゆる方法を実施できる。

(1) 法人格と法的能力を与えられた法的な単位(一九六七年九月二十三日の政令)。

そのほかの販売促進戦略——投資を回収するためのプロモーション活動は、温泉チェーンの枠組みや支援の埒外にあるので、基本的にそういう活動は連盟や組合といった民間の組織による共通行動のなかで行なわれる。

フランス温泉保養連盟は、温泉療養への理解を深める活動を行ない、次のような全国的なプロモーション活動の後援を実施している。

——一九八一年に観光担当省とのあいだで結ばれた協定によって、フランスの温泉療養の販売計画が三年にわたって支援された。

——一九八一年に開催された最初の温泉療養・保養・リハビリテーションに関する見本市「テルマリ」によって、代表的な温泉リゾートやその専門家たちは公衆と直接コンタクトを取り、彼らに温泉の効能を広報する試みを行なうことが可能になった。

——公共空間で温泉に関心を抱かせるようにする活動(一九八一年のメトロの駅での展示など)。

加えてフランス温泉保養連盟は、広範な影響を持つ著作やガイドブックを出版し、一九八八年以来、ジャーナリストや温泉療養の専門家などの専門的な読者向けに、隔月刊の『温泉療養広報』を国際ニュース協会と共同で編集出版している。

一方、既存の温泉リゾートによるもっと複雑で補足的なプロモーション戦略の出現を確認することができる。たとえば、国境地帯の諸県に属するコミューヌは、すでに表明されている戦略を越えて、自分たちのリゾートを売り出すために組合という形態のもとに結集している。

たとえばオーヴェルニュ州（アリエ県とピュイ・ドゥ・ドーム県）の一〇の温泉リゾートの場合がそうであり、これらのリゾートは一九八五年以来「テルモーヴェルニュ」を結成し、共通の販売促進キャンペーンを行なっている。対象となる客層はもちろん一般大衆であるが（各種メディアを使って）、それ以外に医学関係者も対象である。温泉リゾートのための一種の購買グループであるこの「オーヴェルニュ温泉組合」は、一九八八年で六〇〇万フラン〔およそ九一万四六〇〇ユーロ〕という相当の予算を持ち、広告媒体の購買や販売促進キャンペーンの運営に関わっている。

同様に、「ローヌ・アルプ・テルマル」にはローヌ・アルプ州内にある一七カ所の温泉リゾートと七カ所の保養リゾートが結集し、「源泉の地方」（この先頭にはフランス第一の温泉リゾートであるエクス・レ・バンが位置する）の情報提供と販売促進のために二〇〇万フラン〔およそ三〇万四八〇〇ユーロ〕以上の予算を使っている。

温泉リゾートや、一般に温泉療養を促進するための役割を持つこのような制度や他の組織を作る傾向は、温泉療養の役割と重要性、有望な将来性などに目覚めたことが、遅蒔きではあるが確かな現実となったことの証である。

リゾートの努力——こうした集団的な活動のほかに、温泉リゾートはそれ自身、観光協会や観光案内所に参加している。

こうした個別的な努力は、明らかに集団的な戦略以前に存在していた。わかっている最初の組織は一八八七年のアルヴァール・レ・バンに遡る。この温泉リゾートは、グルノーブルと同じ時期にフランスで最初の観光案内所を開設したということを誇りにしている〔フランスで最初に開設された観光案内所は一八八九年のグルノーブルのものというのが通説である〕。当時それはコミューヌの中央広場に設置された仮設テントに過ぎず、訪問者に対して村のすべての宝物や秘められた部分について情報を与えることのできるボランティアの人物がいただけであった。四〇年後、情報提供の組織は、社団形式を取るようになった。こんにちでは、アルヴァール地方の観光協会の情報提供関連の予算は、年間二〇〇万フラン〔およそ三〇万四八〇〇ユーロ〕近くに上っている。

フランスの各温泉リゾートは、どれも同じような進展を辿り、温泉リゾートを持つ一〇〇のコミューヌは販売促進組織を作って、その資金の大部分を拠出している。

そうした組織のなかで最新のもの、そしておそらくフランスで最も美しいものの一つが一九九〇年五月にユリナージュ・レ・バンの旧カジノを転用してオープンした「源泉会館」である。

こうした組織すべての情報提供関連の予算総額は、年間二億フラン〔およそ三〇四八万七八〇〇ユーロ〕近くに上り、温泉療養の宣伝に使用される。

その予算には温泉施設自体が同意したプロモーション用の投資が含まれる。温泉施設は、かつて真の地方新聞、ときとして週刊紙の発行者であり、温泉滞在の逸話を載せたり、立ち寄ったり滞在したりした名士を紹介していたのであった。こんにちではそのような「リゾート新聞」はどこでも消滅してしまった。しかし、広告スペースの購入やさまざまな見本市（専門的なものであれ、そうでないものであれ、医学的あるいは観光的なものであれ）への参加は、温泉地にとってかつての時代と同じくらい必要な活動であるとともに、かつてよりももっと複雑な活動になっている。

将来ヨーロッパが開放されると競争はますます激しくなるが、販売促進の機会も増加し、温泉に関わる職業も活性化するだろう。

こうした見通しに加えて新たな客層が誕生したが、そうした客は健康づくりや健康のための観光に魅力を感じている。温泉療養はこのような新たな形態の供給を、そして世界のなかに新たに自分の位置を見つけるという機会を無視できないだろう。

医学面からのマーケットリサーチ――温泉療養の宣伝と販売の努力は、単なる観光紹介だけに終わるものではありえない。実際、温泉療養はまず社会保障制度によって払い戻しが行なわれ、医学的な処方の行なわれる医学治療なのである。

したがって、温泉リゾートのプロモーションが医学組織の信用を頼みとし、医学界自体の努力に依存しているということは明らかである。

医学研究の必須事項から温泉療養教育が消滅したことは、温泉療養におそるべき衝撃を与えた。若い医師たちはたいていの場合、それは快適な治療法のことなのだとしか考えなくなったのである。

温泉リゾートは、このような危機に研究センターを設置して立ち向かった。このセンターは、高名な病院の医師の管理下にあり、研究の科学的成果を定期的に出版している。

そのほかにMEDEC〔一九七二年から毎年開催されている総合医療見本市〕のようないくつかの見本市は、温泉療養に携わる医学関係者にとって、治療の効能を説明し、その成果を科学的に証明する機会となっている。

とはいえ、こうした医学的な情報提供の努力は、社会保障制度が認めている薬剤広告の規則の範囲内であらねばならない。

しかし、拡大する治療者の数は、思うように宣伝できないというハンディキャップにもかかわらず、温泉療養への信頼がここ数年来増してきていることの証明のように見える。

Ⅱ　温泉の効果

1　フランス経済における温泉療養の役割

(A)　温泉療養の経済波及効果

幾度となくエブラール博士とペラフィット上院議員（両名は温泉療養に関して一九九〇年に大統領に提出された報告書の作成者である）が強調してきたように、温泉リゾートでの活動はかなりの金銭の流れを生み出し、そうした活動が行なわれる地域の経済的・社会的発展に積極的に寄与している。

温泉療養に起因する金銭の流れ――フランスの温泉リゾートでの活動が生みだす売上高は、一九七二年に一〇億フラン〔およそ一億五二四三万九〇〇〇ユーロ〕、一九七七年に一五億フラン〔およそ二億二八六五万八五〇〇ユーロ〕、一九八〇年に二〇億フラン〔およそ三億四八七万八〇〇〇ユーロ〕、一九八五年に四七億フラン〔およそ七億一六四六万三三〇〇ユーロ〕、一九八七年に四九億フラン〔およそ七億四六九五万一一〇〇ユーロ〕、一九八九年に六〇億フラン〔およそ九億一四六三万四〇〇〇ユーロ〕というように、一九七〇年代初期からほとんどコンスタントに増加している。

こうした売上額は、温泉療養に支払われる治療費と、滞在費（飲食、気晴らし、移動）、宿泊費を含んでいる。温泉療養の経済的な貢献を評価することは、しばしば複雑でときとして数量化しにくいその影響を考えると困難である。一人の治療客は、滞在中に平均して八〇〇〇フラン〔およそ一二二〇ユーロ〕を支出するが、この金額は温泉リゾートによってかなりの開きがある。数値化されていて実際に確認しうる唯一のデータは、料金が定められている温泉での支出と治療に関係する医療費である。全体で見ると、これら二つのサーヴィスは温泉リゾートで行なわれる総支出のおよそ二〇パーセント近くを占める。実際には平均費用は、温泉リゾートごとに異なり、支出も温泉療養者の経済的な資力によって変化することは明らかである。

付き添いの役割は、とくに一治療者あたりの平均支出の計算においては、治療者の役割と一体化している。経済分析・企業経営会社の調査が明らかにしているのは、温泉療養と医療関係の謝礼を除いて、どんな金銭の流れにおいても温泉リゾートの売り上げに一番貢献しているのは、付き添いであるということである。

一九八九年に付き添いの平均支出は、六〇〇〇フラン〔およそ九一四ユーロ〕の規模に達していた。付き添い者の数は治療者数の半分に及ぶ。このことは温泉リゾートの観光的機能を明らかにする。こうした観光の影響は、温泉リゾートが多種多様な種類の治療を提供している場合（これは二〇年間でほとんど一般的となった）には、それだけいっそう意味深いものとなる。さらにさまざまな活動や観光供給を増やす努力は、たとえ付き添いが三〇年前とくらべて比率的に少ないとはいえ、目に見えて付き添いの数を増加させたのである。

（B）雇用の創出

温泉リゾートの活力の最も大きな影響の一つは、直接雇用（温泉施設の従業員）であれ、間接雇用（医療従事者および医療関連産業従事者）であれ、関連雇用（サーヴィス業と商店）であれ、誘引雇用（観光のような）であれ、雇用に関係する。

温泉療養によって創出される年間の雇用数は三万七二〇〇にのぼり（加重計算による）、そのうちの三七・七五パーセントが通年雇用で、六二・二五パーセントが季節雇用である。また、温泉リゾートの雇用は地域的であることも指摘できる。それほど人手はきわめて地元が多いのである。温泉リゾートはしばしばほとんど産業の発展が見られず、人口の少ない地域（とくに山岳地域）に位置するため、温泉リゾートは魅力的な中心地の役割を果たし、現地や近在で集められる人手を吸引する。たとえばローヌ・アルプ州では従業員の九〇パーセントはこの州内から来ているほどである。

雇用の特徴としては季節的な変動以外に、女性の割合がきわめて高いことが挙げられる。最も資格を要する雇用（医師、運営者、管理職など）は非常に少数である。それに反してほとんど資格を必要としな

雇用

直接雇用	6,000
間接雇用	22,000
内，医療従事者・医療関連産業従事者・子供用施設	(5,775)
内，宿泊施設	(16,975)
関連雇用（各種商店）	11,150
誘引雇用	18,000
合　計	58,000

（『温泉療養の経済的影響と社会的費用』，全国観光・野外団体連合，による）

い雇用は最も数が多く、女性の比率が高い（多い順に健康サーヴィス業、ホテル業、飲食業）。

雇用量は各温泉リゾート特有の療法タイプに大きく依存している。たとえばローヌ・アルプ州の温泉リゾートではスタッフの六〇パーセントが治療客のケアに従事し、二〇パーセントがメンテナンス、二〇パーセントが管理事務を行なっている。

一般的にいうと、温泉リゾートでは治療客が一〇〇人増えるごとに一〇人の雇用が創出されるが、そのうちの四人が通年雇用であり、六人が季節雇用である。健康産業や観光産業の分野でこれほどの経済的な活力を与えることができるところはほかにほとんどない。おそらくこのことは、温泉療養に好意的な公権力、とくに州当局や県当局が抱く現実的な関心の理由である。

(C) 温泉療養の社会的決算

温泉リゾートの発展、とくにこの種の病気治療方法を選択した客層の来訪増加は、温泉リゾートの経済発展だけではなく、国家の保健予算にも影響を与えている。つまり苦難の時期を社会保障制度による費用負担（一九五五年）によって乗りきった温泉療養は、結局は保健費の節約につながる結果をもたらしたのである（費用対効果）。まず第一にその理由は、温泉療養は保健関連の支出のなかでほんの小さな部分を占めるにすぎないばかりか、温泉療養は治療目的の消費（薬剤、入院）を節約する要因であり、またよりよい衛生状態での生活のための教育的要素（良好な健康状態を保つ技術）であるから、さらには勤労者の欠勤を減少させる源、したがって社会にとって病気に起因する損失を減少させる源だからである。

保健予算のなかの温泉療養

社会保障による援助の様態――温泉療養における社会保障の働きは重要である。というのも、温泉療養を許可する決定というのは、治療費負担と密接に関連するからである。このようにして九六ヵ所の温泉リゾートが社会保障によって認可を得ている。このような社会保障の財政的関与によって温泉療養の医学的役割が強化される。この関与は二つの形を取る。一方では、払い戻し制度、他方ではリゾートの営業期間や営業許可の場合である。

認可された温泉リゾートにおける温泉療養は、疾病保険金庫〔社会保障金庫の一部をなす金庫〕が事前許可を行なうという条件付きで同金庫が治療費負担を行なうが、これは面倒な手続きである。

同金庫から提出された請求は、速やかに温泉リゾートに伝えられなければならない。温泉リゾートの回答は、請求があってから二一日以内に請求者に伝えられなければならない。結果通達がない場合には承認を意味する。

温泉リゾートで承認されると負担費用が送付される。医学的理由による拒否は、事前合意から三〇日以内に行なわれなければならない。

治療費負担は次の二種類の様態によって行なわれる。

——家計収入に関与しない法定サーヴィスに対応した「温泉療養パック料金」。

——温泉療養、すなわち温泉施設によって与えられる治療（パック料金を基礎に、その七〇パーセントの払い戻し）と、限られた数の温泉リゾートにおけるある種補助的な医学治療。

そのほかに、家計費収入が収入上限（一九八九年で八万六五〇〇フラン）に達しない場合には、補助的サーヴィスが認められる。旅行費と滞在費は特別計算の対象ではなく、払い戻しの管理をいっそう困難にしている。

こうした手続きは、小規模な温泉リゾートでの温泉療養を可能にするが（事前合意の必要性によって）、払い戻し制度の不充分な性格も浮き彫りにしている。というのも、温泉リゾートでの滞在費と生活費は治療者の負担となるからである。

承認されるのは、専門的な文書の一覧表にその治療効能とともに記載されているフランス（本国と海外県・海外領土）の温泉リゾートのみである。協定を結び、認可されたそうした温泉施設は、三分の一の料金しか請求しない。温泉療養者の自己負担分は、サーヴィス提供組織が直接引き受けない治療費の部分である。

社会保険費の少なさ――温泉療養は、温泉リゾートへの来訪の多さにもかかわらず（一九八七年で六四万人の温泉療養者、そのうちの八九パーセントが払い戻しを受けた）社会全体にとっては安価な治療法となっている。金額そのもので見ると支出は上昇している。というのも治療費は、二〇億フラン（およそ三億四八七万八〇〇〇ユーロ）以上に上っているからである。しかし、全体的に見ると、温泉療養の払い戻しは一九八七年において疾病保険の支出の〇・二六パーセントを占めるにすぎない（一九五七年は〇・七六パーセント、一九六六年は〇・三七パーセント、一九八四年は〇・三〇パーセント）。社会保険は平均して二一日間の温泉療養に対して一八〇〇フラン（およそ二七四ユーロ）を支出するにすぎない。このように温泉療養用の薬剤費支出は社会保障制度にとっては非常にわずかであるのに、病人にとってはそれに伴う出費を考慮に入れると、きわめて高くつくものの一つとなっている。

温泉療養支出の抑制――これは社会問題監察局（一九六七年に設立された省庁間組織。公私の社会事業一般にわたる監査を行なう）によると、温泉リゾートごとの平均治療費と高額治療に向かう傾向とのために困難である。

社会問題監察局は、温泉リゾートを三種類に分類している。

――最大限の処方とパック料金の開きが一〇〇〇フラン〔およそ一五二ユーロ〕を超えない温泉リゾート（ヴィシー、サンタマン・レゾー、ディーニュ・レ・バン、レゾー・ボーヌ、リュション、ネリス・レ・バン）。

――費用の開きがもっと大きな温泉リゾート（ブルボン・ラルシャンボ、ブルボーヌ・レ・バン、サリ・ドゥ・ベアルヌ、ダクス）。

――最後に、ソレイユ温泉チェーンで、このチェーンは「温泉療養が理屈の上から最大限の費用を要することによって他とは区別されている」。

社会問題監察局は、パック料金と最大限の処方額との開きが一〇〇〇フラン〔およそ一五二ユーロ〕を超えない温泉リゾートに妥当な平均を見ている。

温泉療養費を抑制するのが難しい原因は、温泉リゾートの適応症と治療メニューの多様性にある。リゾートごとに異なる追加治療（温泉療養者が自由に選択できる治療）は、基礎となるパック料金に追加される。ここで基本的な問題が提起される。異なる二つの温泉リゾートで処方される同一の治療が、同じ料金で販売されたり払い戻しされたりしないというのは正常な姿なのだろうか。

こうした不平等を受け入れることは、同じ薬剤が薬局ごとに異なる価格で販売されるということを認めることになるのだ。これはまた、社会保障は同一の治療に対して、異なる金額であっても区別せずに同額を払い戻すということを認めることである。

こうした不正義によって論争が起こるのはもっともなことである。

大部分の温泉リゾートは、ある種の調整が必要だということを認めた。一九九〇年に出されたエブラール&ペラフィット報告は、この問題を達成すべき目標として掲げていた。

同様に、温泉療養に使用される薬剤が他の分野の薬剤と同じ率の付加価値税の適用を受けていないのは信じがたいことのように見える。

現在の税率(一七・六パーセント)によって温泉療養者は、薬局で売られている薬剤を消費する人が支払う税率よりも八倍も高い直接税を払っているのである。

保健費の節約の要素としての温泉療養

――温泉療養は、この種の治療を行なった人びとについてのサンプリング調査を基礎として行なわれたさまざまな研究によると、おおいに保健費の節約に貢献している。温泉療養の有効性は異論の余地がなく、薬剤消費の低下、入院費の減少、労働欠勤率の低下という好ましい影響をもたらした。この問題に関する最も確実な最新の調査は、全国疾病保険金庫によって一九八二年から八五年まで三年間にわたって三〇〇〇人の温泉療養者を対象に行なわれたものである。この調査によると、耳鼻咽喉関係の疾患を抱える病人の七一パーセントに症状の改善が見られた(彼らの二一パーセントについては温泉療養を受けたことがなかった)。この割合は動脈関連の疾患については改善組は六八パーセントで、温泉療養を受けたことがない患者については一八パーセント、泌尿器関連の疾患についてはそれぞれ六八パーセントと二七パーセントであった。

薬剤消費は、温泉リゾートを訪れる患者では減少している。

多くの病人を対象に社会保障が行なった調査によると、この薬剤使用の減少は四五パーセントから六五パーセントまでと幅がある。

――ヴィッテルで三三八の治療例について行なわれた調査では次のことが明らかになった。

――三回の温泉療養を行なっても六パーセントが治癒しなかった。

――最初の温泉療養で三〇パーセントが治癒した。

――二回目の温泉療養で五〇パーセントが治癒した。

――三回目の温泉療養で七五パーセントが治癒した。

――耳鼻咽喉関係の疾患を持つ二七〇〇人について、一九八七年十月に全国疾病保険金庫が行なった調査では、七六パーセントが良好な結果を得ている。

この調査によると、薬剤を大量に消費する病人は同一の疾患でも、温泉療養を受けたことのない病人のほうで大きな割合を示している。温泉療養の原因となった疾患のために払い戻された平均薬剤費は、患者が温泉療養を受けた場合には明らかに少なくなっているのである。

初めて温泉療養を受けた場合の薬剤費支出の額は、四〇パーセント以上も減少し、温泉療養の反復はつねに薬剤費支出に抑制的な効果を持つ。全体的に見ると、この調査は、最初に温泉療養を行なった年の翌年の薬剤消費が大きく減少することを明らかにしている。「温泉療養は、助言を聞き入れて温泉リゾートを訪れた薬剤消費者に相当な量の薬剤消費を減少させる効果があった」。

それに一九八七年十月に二七〇〇人を対象としたこの全国疾病保険金庫の調査は、比較対象となるサンプルにくらべて薬剤費の支出が減少していることを示している（温泉療養を受けない人びとは、年に一二七四フラン〔およそ一九四ユーロ〕を支出するのに対して、温泉療養を行なった人びとでは年に八一五フラン〔およそ一二四ユーロ〕を支出するにすぎない）。

入院――温泉療養によく行くことはまた、入院費用や入院に要する日数に直接の影響を及ぼす。三〇〇〇人の温泉療養者グループを対象とする調査によると、とくに呼吸器系の疾患を持つ患者や、それほど顕著ではないが、継続的な治療が必要とされる動脈系の疾患を持つ患者において、「入院日数は三回の温泉療養を定期的に受けていない患者においてはっきり長期化する傾向にある」。

耳鼻咽喉関係の疾患を持つ二七〇〇人の患者に対する調査（一九八七年）はまた、入院日数の明らかな減少を示している（温泉療養を受けたことのない人びとについては一年に一・五日、温泉療養を受けた人びとについては一年に〇・五日）。

保健費の節約になるというこの側面は、入院一日あたりの料金が二一日間の温泉療養によって生じる費用と同程度であるだけに、いっそう重要である。

生活のよりよい改善——温泉医学はとくに子供と老人に対して、予防と衛生教育の領域において重要な役割を果たしている。

温泉療養は患者と医師のあいだの特権的な時間であり、それによって教育的予防的活動への理解を深め、発展させることができる。たとえば健康状態の改善は、「温泉療養」だけによってもたらされるのではなく、あとになってからのある種の保健費支出を避けることのできる、よりよい生活習慣の定着によっても行なわれるのである。

欠勤率の低下——温泉療養によって、とくに治療の翌年における欠勤率の明らかな低下が見られる。したがって、温泉療養はこのような側面においても、経済的な費用という見地から有益であるように見える（一九七〇年代では欠勤率減少は五七パーセントと推計される）。

しかしながら、疾病にかかる社会的経済的費用は軽減されるとはいうものの、温泉療養が行なわれる時期は、労働を中断しての治療がもはや認められていない以上（温泉療養の場合には手当は支給されない）、特殊な例を除いては年次休暇中だけであるというのは非難すべきであり、非論理的であるように思える。

実際、破棄院〔日本の最高裁判所に相当する最高司法裁判機関。五民事部と一刑事部から構成される〕の二つの決定（一九七八年四月四日と一九七八年五月二十五日）は、病気による欠勤と温泉療養による欠勤を同一視してはならないということを想起させた。しかし、手当の支払いは実際には労働協約によるのである。このようにして新たな逆説が現われた。温泉療養はその払い戻しを行なう社会保障制度によっては病気と認められるが、労働法によっては病気と認められないのである。

2　ヨーロッパ域内の競争における温泉療養の役割

フランスの温泉リゾートの将来は、ただ国内市場だけにあるのではない。東西ヨーロッパの国々もまた温泉療養や保養のための資源を持ち、自国民や外国人に温泉療養医学や質の高い施設を提供している。フランスの温泉リゾートはいまや、来訪と施設において同等の欧州地域の温泉市場の挑戦を受けて立たねばならない。その際、かなり高額な費用水準と、きわめて専門化した温泉療養というフランス的な考えとの二つのハンディキャップを克服しなければならないが、同時に温泉や保養のための豊かな自然資源（その開発はまだ続いている）と、外国の競争相手の施設よりもかなり優れている施設という二つの利点を活用しなければならない。

(A)　ヨーロッパ諸国の温泉リゾートの特徴

フランスであろうと他のヨーロッパ諸国であろうと、かつての華やかな温泉観光は小規模となった。

しかしながら大部分のヨーロッパ諸国では、温泉療養と温泉の伝統が織り込まれた医学的社会的関係に従って多少なりとも発展してきたすばらしい温泉施設が存在する。

西ヨーロッパ諸国

――ドイツ連邦共和国では、二八〇の温泉リゾート（そのうち一三五カ所が保険医協定に加入している）が温泉療養者のためにある。温泉施設の三分の二近くが国やさまざまな自治体、保険団体や退職者団体の所有である。それらの温泉リゾートのうち、七〇カ所では心臓血管系の疾患が治療され、六〇カ所では呼吸器系や婦人科系の疾患が治療され、一〇〇カ所以上ではリューマチや神経痛、外傷などが治療されている。

ドイツは、スイスやオーストリアと並んで、ロマン派が熱中した時代にまで遡る伝統ある自然療法のおかげで、保養ないし食事療法に関する限り、最も進んだ国となっている。

――オーストリアは、保険医協定に加入する多様できわめて設備の整った四六カ所の温泉リゾートを持つ。この国の温泉リゾートは、北欧諸国やドイツ語圏の国々からの温泉療養者がよく訪れる。

――ベルギーには三つの温泉リゾートしかないが、いずれも第一級のものである（スパー〔南東部のリエージュ州東部、ヨーロッパ最古の温泉リゾートの一つ〕、オステンデ〔北西部の西フランデレン州中北部、北海に臨む港湾都市。ヨーロッパ最古の海水浴リゾートの一つでもある〕、ショー・フォンテーヌ〔リエージュ州の温泉リゾート〕）。

――スペインの温泉リゾート（海抜一六八三メートルまで）では、多彩な治療法と観光が可能である。しかし、温泉療養は第二次世界大戦以来すっかり様変わりを遂げた。というのも施設数が一九四七年の二五〇ヵ所からこんにちのわずか六〇ヵ所へと急減したからである。

――イタリアでは、温泉療養はもちろん古代ローマにまで遡る。イタリアは、温泉療養という科目が大学で教えられている数少ない国の一つである（そのうち六ヵ所に医療補助者養成センターがある）。保険医協定に加入している一四五ヵ所の温泉リゾートのうち、七〇が国際的な水準に達している（第一位の温泉リゾートはアバノ・モンテグロット複合施設〔北部のヴェネト州パドヴァ近郊の温泉リゾート〕であり、年間二〇万人以上を受け入れ、二〇〇万宿泊日以上を記録している）。すべての源泉は国家の所有である。

――ルクセンブルクには、設備の非常に整った一つの温泉療養リゾートしかない。その温泉リゾートであるモンドルフ・レ・バン〔南東部、フランス国境に近い温泉リゾート〕では、肝臓や胆嚢、肥満、痛風などが治療されている。

――ギリシアは、七〇〇以上の源泉を数えるが、十分の一ほどが利用されているにすぎない（二〇ヵ所の温泉リゾートがお薦めである）。この国の温泉リゾートは、観光地の魅力のおかげを被っている。

――ポルトガルには、四〇以上のさまざまな温泉リゾートが存在するが、この国では温泉療養はケルト人の時代にまで遡る（温泉療養者数は二〇年で倍増した）。

――スイスは二五〇の格付け源泉を持つが、二一カ所の温泉リゾートが幅広い種類の疾患を治療している。

――イギリスには、もはやたった一カ所の温泉リゾート、レミントン〔イングランド中部のウォリック州に位置する温泉リゾート。正式名はロイヤル・レミントン・スパー〕しかないが、国自体としてはおおいに温泉リゾートの可能性を秘めている。第一次世界大戦末期以来の来訪者数の相当な減少は、大陸観光に客を奪われたためであった。この減少はまたイギリスの医学界にも責任があるが、それというのもこの国の医学界は一九三〇年代以来、昔ながらの温泉療養法を放棄して化学療法と外科治療を選び、また温泉療養が社会保険による費用負担体制に引き続き含まれることを許さなかったからである。こうした態度は、ドイツ系の医学の考え方に真っ向から対立する。

東ヨーロッパ諸国――東ヨーロッパ諸国（ソ連〔本書刊行時の一九九〇年は、ソ連崩壊の一年前〕、ハンガリー、チェコスロヴァキア〔本書刊行時はこの国がチェコとスロヴァキアの二共和国に分裂する三年前〕、ポーランド、ルーマニアなど）では、温泉療養は医学治療の重要な要素であり、潜在的な温泉が開発されてきた。

――ソ連では四〇〇〇の公認温泉リゾート。

――チェコスロヴァキアとルーマニアでは一〇〇の温泉リゾート。

――ハンガリーでは五八の温泉リゾート。

これらの国々では、古代から温泉療養の恩恵に浴しているが、その発展の理由は疾患を化学療法で治療する取り組みが遅れているということと、かつての支配階級による温泉利用の伝統である。彼らは保養滞在の折りに豪華な温泉施設を充分に利用したのだった。

こんにちでは良好な医学水準にある温泉療養は、国家からのきわめて多額の援助に広く支えられている。温泉療養の研究は、東側諸国では他の医学分野と同様の信用を博している。温泉療養は医科大学で教えられるほか、ほとんど全額が保険でカバーされる。これらの国での温泉療養の基本的な目標の一つは、慢性病の治療だけではなくて、実際の病気治療費用よりも社会にとって安くつく病気予防ということでもある。したがって、東ヨーロッパの温泉療養の目標は、とくにフランスやもっと一般的にいって西ヨーロッパ諸国よりも遙かに幅広く、また遙かに多くの援助を受けている。

ヨーロッパの主要国、とくにEC諸国での温泉療養を調査すると、ヨーロッパ域内の将来展望において、フランスの主要ライヴァルはドイツとイタリアの二国であることがわかる。

これらの国々では、温泉の潜在性は多様な源泉、温泉療養の伝統、施設（質、下宿での滞在が支配的であるなど）に関しては同等である。

（B）ヨーロッパの温泉市場の争点

このように温泉市場の問題は何も国内だけに限られるわけではない。フランスの温泉リゾートは、フランスと同じく多様な源泉やきわめて設備の整った温泉リゾート、同じく適切な医学的背景（これは外国で真の温泉療養教育が存在する場合にはフランスよりもおそらくもっと適切になるだろう）を持つ外国を相手とする競争に直面しなければならない。こうした外国市場は、数百万の潜在的な観光客という形を取るが、彼らはサーヴィスの水準、観光面での魅力、費用負担というヨーロッパで一般的な改革などによって獲得できるのである。したがって、フランスの温泉リゾートは外国、とくにイタリア（アルバノ〔ラッツィオ州ローマ県のリゾート〕、モンテカティーニ〔トスカナ州の一大温泉リゾート〕など）、ドイツ（バーデン・バーデン〔バーデン・ビュルテンベルク州の国際温泉リゾート〕など）、ルーマニアとの競争に直面することとなる。

温泉リゾートへの来訪の比較――フランスの温泉への来訪は、それぞれイタリアやドイツとくらべた場合に一見したところ、ほとんど増加していないように見える。

フランスの九六の温泉リゾートは、一九七〇年に四二万人、一九八〇年に五〇万人、一九八二年に五五万人、こんにち（一九八〇年代末）では六五万人の治療者を受け入れてきた。このことは一九八四年から一九八七年まで、一九八六年以来認可された新設温泉リゾートを含めて、三一パーセント近く来訪者の増加があったことを示している。

人口が同規模の西ドイツとイタリアでは、温泉療養者数はフランスにくらべて二倍から三倍多くなっている。一九八七年にイタリアでは二三〇万人、西ドイツでは一八〇万人の温泉療養客が数えられた。

したがって、温泉療養者はこれらの数字からすると人口の一パーセントに相当するが、国別に見ると西ドイツでは人口の二・五パーセント、イタリアでは同じく二・二五パーセントである（ハンガリーでは六パーセント）。

しかしながら、国ごとに異なる統計データに応じて、これらの数値データにニュアンスを付けねばならない。たとえば、温泉リゾートの療養者（フランスにおけるような）と、観光客を含めた温泉客全体（東西ヨーロッパの他の国々におけるような）とを混同してはならない。イタリアと西ドイツ、その他ヨーロッパ諸国では、来訪者数は温泉リゾートを訪れた人びと全員に関係する。フランスでは、治療費が社会保障制度によって払い戻される温泉療養者しか考慮されない。本当に来訪率を比較するためには、フランス全体での来訪数を確定しなければならないだろう。これはとくにクリスティアン・ジャモが最近の論文で強調していることである。(1)

（1）クリスティアン・ジャモ『フランスの温泉療養と温泉町』、リール、国立学位論文複写機構、一九八七年、（マイクロフィッシュ、クレルモン・フェラン、地理学博士論文、一九八六年）。

ジャモによれば、フランスの温泉センターにおける客全体を再評価すると、フランスの状況はドイツやイタリアの状況とくらべて何ら遜色のないものとなる。また同じくジャモによると、フランスの温泉はヨーロッパのライヴァルにくらべて、その多くが本来比較できないデータを比較する習慣から生じる劣等感に悩んでいるという。

フランスの温泉リゾートのハンディキャップ

――第二次世界大戦以来、フランスの温泉リゾートには外国人客があまりやってこなくなった。両大戦間には外国人客（とくにイギリス人とベルギー人）の割合が五〇パーセント以上にも達した温泉リゾートが存在したのに、それ以来外国人客は減少する一方である。フランスの温泉療養は医学的で高価、しかも諸外国では払い戻し制度がフランスと異なるので、こんにちそうした外国人の客層を引きつけることは困難である。

フランス人の温泉療養者にとっても外国で行なわれた温泉療養には、フランスと相互協定を結んでいる国々、とくにEC諸国を除いては、社会保障による費用負担がなされない[1]。ところでフランスの温泉リゾートでの治療費用は、ドイツやイタリアよりも高額である。このことは「自由診療の」療養者について問題を提起することにもなる。こうした自由診療の療養者は、自分自身で治療費（観光への関心と結びついた治療）を負担しているが、国際競争が基本的に対象としているのは、都市で多額の支出を行なう高所得の自由診療客というタイプなのである（フランス人の治療者の購買力は平均水準にとどまっている）。

（1）フランスの社会保障による治療費負担制度においては、フランス人が外国の温泉リゾートで治療を受けることは禁じられている。

温泉療養のこうした側面が発展するためには、フランスの温泉リゾートシステムの適応が必要であるが、適応が行なわれれば無視できない付随した財政貢献がもたらされるのである。しかし、ヨーロッパ内に温泉療養ネットワークが存在しないので、この分野での医学的保護主義が立ちはだかる。とはいえ、交流は治療者の利益の方向に進展しつつあるのだが。

フランスでは、温泉リゾートの変化や治療の予防的側面の進展、「健康増進」という考えの進展が見られているとはいえ、温泉療養は基本的には医学的なものだという考えによってフランスはハンディキャップを負っているということを率直に付け加えよう。

フランスの温泉政策は、ヨーロッパのなかでも西ドイツやイタリアにくらべてユニークなものであり、ジャモによると、フランスの温泉療養の最も大きな特徴の一つであるという。

ドイツやイタリアでは、「温泉療養」という考え方は遥かにもっと広く理解されているが、これは温泉療養の社会的定義に関係がある（たとえば西ドイツでは、社会団体が病気予防の分野ではフランスよりも遥かに広く活動している）。温泉療養は、観光活動と混同されることはないとはいえ、健康増進や休養や温泉保養、環境などの領域において大きな位置を占めている。

フランスでは、温泉療養という考えは個人の包括的な健康増進とは別のものであり、医学的な補助概念なのである。したがって温泉療養はアプリオリに休養ないしは観光という概念を排除してしまう。

こうした考え方によって、温泉療養の組織だった医学化が説明できる。「最近、温泉リゾートにおける治療の方向づけの一覧表が、専門的活動を掲載した新たな総目録のなかに載っている温泉リゾートのリストのなかに入れられた。（……）この限定的なリストは必要な明確化への努力を表わした。このリストはフランスの温泉の総目録となり、必要なすべての保証を与えている。このリストは社会保障制度が参照できる枠組みである」[1]。

（1）ギ・エブラール『フランスの温泉療養、現状と展望』、パリ、ラ・ドキュマンタシオン・フランセーズ、一九八一年、五五頁。

フランスの温泉リゾートにおける特殊な専門化は外国人客に不評の理由の一つであり、彼らはレジャーという考えをより組み込んだ温泉療養という、もっと広義の見方に慣れているのである。

フランスの温泉療養の切り札

フランスはそのひろがりにおいても、その多様性においても、地理的な構造によっても、ヨーロッパのなかでイタリアにつぐ規模の高原を有している（二〇パーセント）。

——二五〇〇カ所の公認源泉。

——一二〇〇カ所のさまざまなレヴェルの開発可能な源泉。

——一二〇カ所の温泉リゾート、そのうち一〇四カ所が社会保障によって認可されている。

こうした豊かさこそが、かつてフランスの温泉の名声を高め、多くの客を引きつけたのだった。その潜在力がすべて引きだされたとはいえない。まだ新たな取り組みの余地が残されているのである。

したがってフランスは、ヨーロッパでの競争に伍していける。

それに、イタリア、ドイツ、フランスの宿泊数を比較するとその結果はほとんど同じなのである。イタリアの最も代表的な四つの温泉リゾートは、年間七〇万から一五〇万の宿泊数を記録する。ドイツの上位八つの温泉センターは、年間三〇万から一八〇万の宿泊数である。フランスではヴィシー、エクス・レ・バン、リュション、ル・モン・ドール、ラ・ブルブール、エクサン・プロヴァンス、ダクスの七つの温泉リゾートでは、一〇〇万から一五〇万の宿泊数を誇る。

エクス・レ・バンは、ヨーロッパ一の温泉センターの座をかけてアルバノとバート・フュスィング〔ドイツ、バイエルン州の温泉リゾートで一九五〇年代なかばから営業〕と競っている。[1]

（1）これらの数字すべては、ジャモの論文による。

同様に、ヨーロッパの大規模温泉リゾートの宿泊収容力の調査によって、フランスの温泉リゾートがかなりの位置を占めていることがわかる。

したがってフランスの温泉リゾートは、他のヨーロッパ諸国と同様の状況にあるが、たとえばドイツの温泉リゾートでは見出せない観光的な魅力を備えた他の特別な切り札を持っている。フランスの北東部四分の一に位置する温泉リゾートの開発は、ちょうどソレイユ温泉チェーン（温泉療養市場の二〇パーセントを占める）が二つの温泉（バン・レ・バン、ペシェルブロン）の買収とともに取り組んだように、ヨーロッパ規模の展望に立っている。そうした温泉リゾートは、近隣諸国から治療者の流れを集めることが

宿泊収容力

	ベッド数	ホテル数
イタリア		
アルバノ・モンテグロット	16,000	130
キャンチアーノ	15,000	224
モンテカティーニ	14,000	231
フィウジ	12,000	171
ドイツ		
バート・フュスィング	8,500	
バーデン・バーデン	5,000	91
バーデン・ヴァイラー	5,000	50
ヴィスバーデン	5,500	66
フランス		
ヴィシー	23,000	233
エクス・レ・バン	23,000	95
ラ・ブルブール	12,500	48
リュション	15,000	66

(数字はジャモ『フランスの温泉療養と温泉町』，160頁からの抜粋)

できるのである。このような戦略の一環として、ストラスブールに温泉療養会館が試験的にオープンした。これはドイツやベルギーなどからの集客を目的とするヨーロッパに向けられた橋頭堡である。

外国人客を引きつけることができれば、おそらくは温泉療養の季節性は克服されるだろうし、来訪者を増加させたり、中間シーズンにヨーロッパ人治療客の来訪を促すことによって、その施設をもっと通年営業に近づける形で営業することが可能になるだろう。

ヨーロッパの温泉市場の争点は、相当な経済的潜在性にある。それは温泉療養の分野で直接や間接の雇用を増やすことである。それはまた、フランスはすでに最も有利な温泉遺産と観光遺産を擁しているので、社会保障が費用を負担するしないにかかわらず外国人客の受け入れを容易にし、促進することであり、施設改善やプロモーション活動を助成することである。またこのことはフランスの医師にとって、自由な開業と交流という背景において、大学で温泉治療を教えているドイツやイタリアの同僚と同じ資格に浴することである。

第三章　温泉リゾートのその他の問題点

「ある人間の考えうるすべてのことは、他人がそれを実現できる」

ジュール・ヴェルヌ[1]『ネモ船長』

温泉療養は、フランスでは健康づくりのための観光活動の八〇パーセントを占めている。民間の取り組みと地方レヴェルと全国レヴェルの公的活動が合流した努力の成果であり、保健省と観光担当省は温泉療養という切り札を求めて互いに競っているが、その有様はときとして両省が手を引いたらどうなるだろうかというおそれを温泉療養に関係する専門業者に抱かせるほどである。

（1）フランスの作家（一八二八〜一九〇五年）、科学的空想冒険小説の大家。『八〇日間世界一周』（一八七三年）など。ネモ船長は『海底二万里』（一八七〇年）と『神秘の島』（一八七四年）の登場人物だが、同名の作品はない〔訳注〕。

しかしながら問題は多岐にわたり、単に地域経済の発展という次元を大きく越えた広範なものとなっている。

これは、おそらく温泉療養活動に対して政府の対応が慎重であることの理由となることである。温泉リゾートに対する政府の活動は、さまざまな方法で組織化されている。たとえば、経済面に関して国家は温泉リゾートにおける投資や設備刷新、既存の施設改善などを援助している。しかし国家の援助は経済援助だけに限られない。国はまず温泉療養に結びつくあらゆる活動の枠組みを決定する役割を持つ。

I　温泉リゾートの法的状況

温泉療養の規範的な状況は、過去の歴史から引き継がれ、それから近代化された二つの異なる土台の上に築かれている。つまり、源泉の統制と監視、そして温泉リゾートの格付けである。

1　源泉の統制と監視

原則を築いた基本的な文書が一八二三年六月十八日の勅令であるとしても、現在効力を持つ文書は以下の三つの簡単な問いに答えるものである。
——源泉開発の許可を与えるのは誰であり、どんな方法によってか。
——公益性を認められた鉱水の保護に取り組むのは誰なのか。
——利用される鉱水の質と施設の良好な運営を監視し、検査するのは誰なのか。

源泉開発の許可——事前許可制はこの領域における国家の独占的支配の最も際だつ象徴である。公衆保健衛生が問題になるときには、その場しのぎの措置はいささかも許されない。

一九五七年三月二十八日の政令はこの分野における規則を再び定め、一定数の活動、とくに鉱水の利用、温泉施設、瓶詰め工場などは事前許可の対象となることを規定している。

すでに十九世紀に適用されていた基本原則は、鉱水は源泉から湧出するときの状態のままで公衆に引き渡し、ないし飲用させなければならないということであった。ただ鉱水が商業化される場合には、三つの例外措置が認められていた。この場合には、鉄分除去とガス分再注入を鉱水に対して行なうことができる。また同様にその鉱水に類似の効能を持ち、同じ地質に由来する他の鉱水を混合すること、場合により炭酸を加えることも可能である。最後に鉱水を導水管によって離れた場所へ送水することも可能である。

許可手続きは、源泉の所有者ないし開発者が県知事に対して源泉とその所有者、特徴、整備計画などについて遺漏のない一件書類からなる請求を送付することからはじまる。県知事はこの書類を、調査を行ない、源泉の整備全体を管理する鉱山局におろす。いったんすべての作業が終わると、研究所が温泉水の詳細な分析を行なう。地元の行政関係者のさまざまな意見（このなかに県社会衛生活動局の意見も含まれる）が聴取され、県知事が保健大臣に提出する書類に添付される。保健大臣は、温泉水の化学的検査およびバクテリア検査を再び行なうことで、検証作業をする。全国医学アカデミーの意見を徴したあとに保健大臣は決定を下し、許可の省令が農業大臣と予算大臣（ないしは財務大臣）との共同署名を経てから、官報に公示される。

この許可が交付されてからは、温泉水の引湯や加工、利用に関していかなる変更も認められない。そうでなければ許可そのものがもはや効力を失ってしまうからである。工事が必要な場合には改修許可が必要となる。

同様に、源泉が五年にわたって未開発の状態であったり、公衆衛生にとって危険が存在するとき、規定で定められている分析や作業を行なっていないことが確認された場合などには、許可の停止や撤回がありうる。

公益を認められた源泉の保護——歴史から引き継がれたものとしてのこうした保護措置は、一八五六年七月十四日法に遡るが、この法律は「温泉採掘者」から源泉を保護する試みであった。ほとんど良心を持たないこうした温泉採掘者は、すでに利用されている源泉の噴出方向を変えたり、損なったりする危険を冒してまで、あらゆる手段を用いて源泉を奪うことを目指していたのである。

この十九世紀の法律は一八五六年九月八日の政令で補強され、ついでもっと最近の政令（一九三〇年四月三十日）で修正されたが、それは重要と考えられた源泉や、そうした措置がなければ周辺の工事によって損なわれてしまうような源泉を保護するためのものであった。(1)

（1）こうした措置は、L七三五からL七五一までの判例集とともに公衆衛生法に組み込まれている。

こうした条件で源泉は保護区域となる。この決定は調査のあとに国務院で宣言される。そうなると所有者とともに周辺住民に対しての義務が課されるようになる。この保護区域においては、すべて地下に関する工事は許可の対象、少なくとも知事への届け出の対象となる（いずれになるかは対象となる工事の種類による）。保護区域外の工事が源泉利用に脅威を与える恐れがある場合、知事は必要な保護区域の拡張が行なわれるまで作業を中断させることもできる。

だから、所有者と開発者は、源泉が公益性を宣言されたときからその源泉を自由にすることはできなくなる。彼らは既存の施設を変更しうる新たなすべての計画について、知事に従う義務を負うのである。

所有者は必要があれば、保健省の認可ののちに、所有源泉の保護と供給を維持したり改善するために、源泉の近辺の土地で引湯と整備のための工事を行なうことができる。

公益性を宣言する手続きは、知事のもとに請求を送ることから始まる。この請求には鉱水の質、正確な成分組成、それに温泉施設についてのあらゆる情報が記載されている。公的な調査のあとに知事の諮問委員会が保健省に意見を具申するが、その際に鉱山局の意見も添付する。決定は新たな意見を徴したのちに国務院の政令によって下される。

源泉と施設に対する監視——利用されている源泉には、しばしば監視が行なわれ、さまざまな行政機関によって実施される検査は頻繁である。こうした検査のうちで最初のものは技術的なもので、鉱山局が行なう。この場合、引湯状況や周辺整備を検査し、許可の省令で定められた規則に応じた利用条件を確認する。

二番目の種類の検査は保健省の管轄であるが、より正確には県社会公衆衛生活動局の管轄である。この局は、源泉に関する衛生状態と保健衛生の検査を行なう。換言すれば、この局は温泉水の販売と利用に関して監視するのである。

その目的は、消耗や時間経過にかかわらず、なにものも利用される温泉水の品質を悪化させてはならないということである。

分析結果が異常を示した場合、この局は他の検査を要請できる。その結果が公衆衛生にとって有害なものである場合には、緊急停止措置が発動されうる。水質が危険であることがわかった場合には、大臣が最終的に利用許可を撤回しうる。

もちろん温泉施設は政府の側からの規制に従う。所有者にとってこうした当局の存在というのは、多少なりとも圧力となる。

相次ぐ政令によって定められてきた温泉施設への規制は、社会保険加入者に治療を施す施設の義務に対応している（衛生状態、病人に対応する特殊なケア）。こうした施設が良好に機能しているかどうかの検査は、県社会公衆衛生局の局長の権限であり、毎年報告書が局長から保健省に送られる。この報告書では、施設や管理、計画中の整備事業などの状況が最大限に分析されている。

2　温泉リゾートの格付け

格付けという手続きによって、温泉リゾートはよりいっそうの個性を発揮できる。最初の規範的な文書は一九一九年に遡る。それ以来、幾多の措置がコミューヌ法に組み込まれてきた。[1]

（1）一九一九年九月二十四日の政令と『コミューヌ法』、パリ、ベルジェ・ルヴロ、一九八五年、五七四頁、（L一四一の一からL一四四の一まで、L一二三三の二九からL一二三三の四七まで）。

理由と方法——L一四一の三は温泉療養リゾートをこのように定めている。「その行政区画内に一つないし複数の鉱水の源泉を持ったり、一つないし複数の鉱水の源泉を利用する温泉療養施設を所有するコミューヌ全体、コミューヌの一部、コミューヌの集団は温泉療養リゾートに昇格しうる」。

このリゾートの格付けは、L一四一の二に定められている。

「この格付けの目的は次の通りである。

——温泉リゾートへの来訪を容易にすること。

——とくに歴史的建造物や景観地の保全・健全化・美化・アクセスや、居住・滞在・治療ないしは往来の条件の改善などに関係する施設工事やメンテナンス作業によって温泉リゾートの発展を図ること。

——充分な資力を持たない人びとの治療を容易にすること」。

温泉リゾートの格付けは、国事院の政令において宣言される手続きである。国事院はそれを職権で行なうことも（もちろん関係コミューヌは事前に相談を受け、三カ月後には賛否の意見を表明しなければならない）、関係する地方自治体の要請で行なうこともできる。いずれの場合にも、格付けはコミューヌ議会や県議会が賛成意見を表明したのちに可能となる。

格付け手続きは、まず最初に、公的調査を行なう知事によって進められる。公的調査が終了すると、その結果はコミューヌ議会の意見とともに県衛生委員会に送付され、委員会はそこで意見を集約する。

このようにして完全な一件書類が保健大臣のもとに送られるが、保健大臣は経済財政大臣や内務大臣、観光担当大臣などの意見を集める。省庁への諮問を経て一件書類は医学アカデミーや観光・保養上級委員会、フランス公衆衛生上級会議などに送られ、これらの機関はそれぞれの意見をとりまとめる。[1]

（1）観光・保養上級委員会は、一九八三年五月四日に設置され、温泉療養・保養上級審議会を引き継いだ。『官報』一九八三年五月七日、一四二八頁。

影響——温泉リゾートの格付けは、温泉リゾートに拘束を課するが、理屈の上では特権ももたらす。コミューヌ法に規定されているおもな拘束は、保健省が実施しなければならないと認めた下水設備工事に格付け温泉リゾートが取りかからねばならない義務である。

そうした工事を実施させるために、保健大臣と内務大臣が署名し送付した督促状のあとでも、コミューヌが何もする気配がない場合、温泉療養・保養リゾートのリストからそうしたコミューヌを抹消することも可能である。

格付けはまた、プロモーションと財政収入の面から見ても興味深い。

格付けリゾートは、県知事に対して観光協会と呼ばれる商工的性格の公施設法人の設立を要求できる。[1]観光協会は、温泉リゾートの活動を調整しながら、促進する役割を負う。

（1）観光協会の法的身分は、非営利団体、市町村観光協会（ＯＭＴ）、第三セクター、有限会社、株式会社、公施設法人などとさまざまであるが、数から見ると非営利団体が全体の九割近くを占めて圧倒的である。公施設法人の身分をとる観光協会は一つにすぎない（一九九四年）〔訳注〕。

温泉リゾートが格付けを受けるメリットは、長いあいだ経済的なものであった。実現すべき投資の費用を捻出するために、温泉リゾートは補助財源を持ったのである。とりわけ滞在税が重要である。しかし、滞在税は一九五九年一月七日の政令で任意のものとなったので、「相続人が不在となった」という人びともいる。

一九八三年以来、滞在税は、もはやただ温泉リゾートだけのものではなくなった。地方財政委員会の意見を聞いたあとでリストが決定される観光的コミューヌないし温泉コミューヌすべてが、この滞在税を徴収できるようになったのである。この地方財政委員会は国からの代表者のほかに国会議員、県やコミューヌやそれらの属する団体からの代表者などで構成される。この滞在税はもっぱら、前述したL一四一の二によって計画される工事の範囲内で使用されなければならない。滞在税の徴収対象となるのは、当該コミューヌ内に居住せず、住民税の対象となる住居も持たない人びとである。滞在税は家主やホテル業者、賃貸施設の所有者などを通して徴収される。この間接税の徴収には多くの例外措置が存在する。[1] 一致した意見によれば、こうした格付けの手続きは、その複雑さと次々に採られる例外措置は別にしても、時代遅れであるように思われる。温泉リゾートの格付けは、もはやそれほどのメリットをもたらさないのである。ギ・エブラールは大統領への報告書のなかでこの格付けシステムの非効率性をすでに強調していた。[2]

（1）さらに正確なより多くの情報を得るためにはコミューヌ法を参照のこと。

(2)『政府と温泉療養』という著作のなかで、著者のM・クリュゼルは独自の分析を行なっている。

II 特別な政策について語れるだろうか

政府に対して頻繁に向けられる非難というのは、温泉療養に対する具体的な措置の不足や、一貫した政策の不在ということである。こうした怠慢を説明するために多くの理由が述べられてきた。アイディアの欠如はおそらく主要なものではない。というのも提案は存在しているからである。

1 制度的な当事者の多様性

全体的な措置の不足を正当化する際に、対立状態にある当事者たちの数の多さがしばしば持ちだされる。特別政策が可能となるためには、政府レヴェルでも温泉リゾート間のレヴェルでも、調整が欠かすことのできない前提条件のように思われる。

政府側の状況——温泉リゾートと同じく温泉療養は、単一の省庁の権限下にあるのではない。次々に起こる解決すべき問題の多さは、複数の省や多くの局、さまざまな地方当局が温泉リゾートの運営や温泉療養そのものになにがしかの理由を持って介入しなければならない状況を作りだしている。もちろん連帯・保健・社会保護省は、温泉療養・保養・鉱水庁や社会保障局と並んで筆頭の位置を占めている。産業・国土整備省も鉱山局とともに温泉療養の問題に関わっている。鉱水局はとくに引湯や輸送に関して、源泉の規制と検査に責任を持つ。

最後に、産業・国土整備大臣付きの観光担当大臣は温泉リゾートや周辺環境の整備、宿泊収容力、わが国のあらゆる観光活性化などに重要な援助を行なっている。

その他の省庁も、温泉関連活動に介入したり影響を与えたりする可能性を持つ。その領域がどこであれ、予算配分や実現すべき選択において、経済・財政・予算省の優越性は現実のものである。温泉療養もこの決まりを免れることができない。この省のなかの一局（競争・消費局）が、温泉施設の料金問題の決定に直接的に介入しているだけに、なおさら温泉療養は例外ではありえないのである。

内務省とその官房は地方自治体を管轄するが、もちろん地方自治体に対してと同様に温泉リゾートに対しても特殊な役割を負っている。

さらに環境省や国民教育省（温泉療養研究所の監督後見を行ない、この治療法を教育するか否かの決定者である）を挙げよう。

このように温泉療養の関係者の数が多いので、それが温泉療養に関するダイナミックな政策の一貫性にとってはマイナスに働くのである。

政府内のこうしたモザイク状態が原因で、温泉療養や温泉リゾートのみに関わりあう省庁間組織が存在する。

その組織は温泉療養・保養上級委員会であり、その使命は温泉療養に必要ないし望ましい措置を考えることにある。この委員会はまた諸活動を調整し、ある省の情報を他の省に伝えたり、委員会の構成メンバーのなかで共通して同一の「調査対象」を持つさまざまな代表的パートナー同士の交流の場となろうとしている。

実際には、この委員会のもととなった政令は委員会の目的については簡単に述べているだけである。この上級委員会は、これがあとを引き継いだ二つの組織の使命をそっくりそのまま繰り返している。委員会の設置を命じた政令全体はここで再掲しないが、この委員会は「温泉療養と保養の組織化と発展に関して考察と提案を行なうという総合的な使命を負っている」ということを指摘しなければならない。

こうした資格でこの委員会は、とくに臨床講義、教育、温泉療養や保養の資源に関する問題、温泉リゾートの販売促進とその格付けなどから生じる問題を検討している。実際には三八名（一〇名が温泉療養に関係する各省庁からの法律専門の高級公務員、二〇名が職業組織の代表者、八名が学識経験者という構成である）からなるこの上級委員会は、保健大臣が招集し、他の省庁間委員会と同じように少なくとも年に一回は開催される。

立法府のレヴェルでは、国民議会の調査グループが温泉療養に関わる問題を精査し、そうした問題が取り上げられて答えがもたらされるように政府に圧力をかけている。

同様に、上院でも経済取引・経済計画委員会のなかの一三名のメンバーが、温泉リゾートと温泉療養の状況の進展を調査する任務を負っている。

このように潜在的な決定機関が、あちこちに分散しているという現実を前に、温泉リゾートは決定プロセスに影響を与える手段を持たない。政治的決定がますます圧力団体間の妥協の産物となるような時代において、温泉療養の専門家が分裂し、政府側の対話者が一人ではないという状況は交渉を困難なものにしている。

しかし一八七一年には、温泉町の代理店がパリに存在し、この代理店は温泉リゾートへの旅行を企画し、特別な図書館を医師たちに開放し、新聞を発行していた。こうした取り組みは温泉療養の進歩に妨げとはならないのである。

最初の同業組合の組織は一八八六年に遡るが、この年に鉱水・温泉施設の商工雇用者組合が設立された。一九〇九年に、この組織は鉱水商工雇用者組合と温泉施設・保養リゾート連合とに分裂したが、後者の連合は一九四五年にフランス温泉施設全国組合に名称を改めた。

しかし、温泉施設ではなくて医師たちを結集した他の組織が一八九四年に設立された。そのようにしてピレネー温泉リゾート医師組合が設立され、他の地域でもこの例に倣って設立が相次いだ。こうしたさまざまな地域組織が全国レヴェルで団体を形成し、全仏温泉・海洋・保養リゾート医師組合となるものを結成した。

現在の状況は、目立って単純な特徴をもつというわけではない。フランス温泉療養・保養連盟は、地域別のフランス温泉療養・保養連盟とともに、全国グループを結集している。

前述のフランス温泉施設全国組合と温泉施設全国連合は、温泉施設の経営者の団体である。それらの目的は温泉療養の拡大を助成する手段を最大限探求して実行すること、そして各温泉施設ごとに指定されている治療の質を向上させることである。

これら二つの組織に全仏温泉・海洋・保養リゾート医師組合が加わるが、この組合はリゾートで開業している医師が結集したものである。研究分野や実践に価値を与える意志、自分たちで研究の成果を共有する意志、温泉療養は全体的な治療法であるということを証明する意志がこの組合の原動力であるように見える。

最後に、リゾートの首長たち自身も、全国格付けリゾート首長協会に結集したが、この協会は彼らの見解を調整し、利益を擁護する試みを行なっている。

以上の団体以外にフランス温泉療養・保養連盟には次のような団体も参加している。

——全国ホテル産業連盟季節雇用者部門
——国際観光ホテル協会
——全仏認可カジノ組合
——観光案内所連盟連合
——フランス医学温泉療養・気候療法協会
——温泉療養・気候療法研究所
——トゥールーズ・ピレネー温泉療養研究所

これらすべての活動は、その働きや関心によって温泉リゾートに近かったり遠かったりするが、温泉療養に付随するあらゆる職業や活動は、フランス温泉療養・保養連盟が代表している。

こうした細分化は歴史的に見て、引き起こされる問題の多様性によって、温泉問題に関心を持つさまざまな当事者の存在によって、説明が可能である。しかし一方で、決定機関の多様性に直面し、他方で同じく同業組合的な他の団体（おそらく温泉療養の発展に関心はない）の存在に直面するこうしたグループの本当の成果と現実の影響について自問しなければならない。

2　復活の兆し？

温泉リゾート分野への国家の援助は多彩であり、当事者すべてが諸措置の調整、一貫した真の政策の策定を望んでいるということは容易に理解される。

エブラール報告とその影響——しばしば使われる手法を用いてジスカール・デスタン大統領は、一九八〇年にフランス温泉療養・保養連盟の委員長であるギ・エブラールに調査委員会の指導を委ねた。

多くのリゾートを頻繁に訪れたのちに、そしてさまざまな会談を経て、この報告書は大統領に提出され、ついで公刊された。この作業は、フランスの温泉リゾートにとって固有の問題を初めて包括的に扱った最初の試みであった。この報告書は、各温泉リゾートの状況を示す写真以外に、フランスの温泉療養に新たな息吹、「新たな力関係」を導入するための七項目の大きな提案を行なったという功績があった。それらの提案のなかで、「温泉療養の科学的信頼性を再び確立すること」、「正式な治療法としての温泉療養が悩まされている差別的取り扱いの撤廃」、「温泉療養医学の発展助成」、「温泉分野への投資支援」、「温泉リゾートのイメージの再活性化」などを挙げよう。

しかしギ・エブラールにとって、温泉療養の再建はまず四つの前提条件をパスしなければならない。

対立しているあらゆる当事者を明らかにすること、建築基準の緩和、さまざまな思惑のあいだの効果的な調整、対立している諸勢力の責任と相互信頼、の四つである。

温泉分野全体を活性化しようとするこの意志は、厳しい決算の結果である。その決算によって、「一方で社会保障の援助の結果である、高負担で大規模だが比較的効率的な組織、他方では分散した反応、散発的な取り組み、努力(さしあたってこれらは無視できないが、厳密すぎる法の枠から逃れるためのものであり、いかなる全体像にもしたがわず、指導的な人びとのあいだにある種の混乱をもたらす)」という結果が明らかになる。「そこから、システムを柔軟であると同時にもっと多様なものとすることで、システムをさまざまな方向に発展させなければならないという、多くの人びとに共有される自覚が生まれる。しかしこの自覚にはまた、あちこちで行なわれる実験によって増大した温泉療養の将来についての不安も存在する。そういう実験は、ときとしてフランスの温泉療養の基本的アイデンティティと専門化、科学的性格を危険に陥れるのである。したがって温泉療養は疑問を生じさせてしまうのであり、まさに提起された問題は明確な回答を要求し、国の側には政策の決定を要求するのである[1]」。

(1) ギ・エブラール、前掲書、五一頁。

この報告書が、それ以来温泉療養に有利になるような骨組みを与えたかどうかについては異論の余地がある。すべての提案が具体化されたわけではないが、この作業はすべての当事者にとって基本、参照基準として役立っている。

いくつかの提案はただちに採用されて、一九八一年二月以来実施されたが〔事前合意プロセスの簡略化、温泉療養の調査と教育の助成、開発援助、温泉リゾートのプロモーション・キャンペーン〕、ほかの提案は提案の段階にとどまっている。一九八一年の政権交代〔大統領が保守のヴァレリー・ジスカール・デスタンから革新のフランソワ・ミッテランに交替した〕は政治ドクトリンの変更を危惧させた。

しかし、すぐに省庁の通常の対話者は、温泉療養は忘れ去られはしないという保証を得たばかりではなく、一九八一年以前に定められた方向は再検討されないという保証も得たのである。政策的な断絶は存在しなかった。せいぜいが新たな目標が付け加わった程度であった。たとえば、温泉療養と観光の対立を克服する意志、温泉調査の発展、温泉療養・気候療法上級委員会の設置に至る計画と調整手段の創出などである。

同様に、一九八一年九月二十九日に調印された観光担当省とフランス温泉・気候療法連盟のあいだの協定はエブラール報告が望み、バール氏の政府〔レーモン・バール内閣は、ジスカール・デスタン大統領のもとでの最後の内閣〕が決定した提案の実施を可能にした。

この協定は、国と他のパートナーがそうした措置を実施する際に行なう援助の目標と様態を定めている。

エブラール報告以来の再生を本当に語ることができるだろうか。たとえ政府が提起された問題に答えようとしたとしても、多くの疑問が残っているように思われる。とはいえ温泉リゾートは、他の関係者のほうを向き、温泉リゾート自体で継続する怠慢を改善しようと試みているように見える。

新たな推進？――大統領フランソワ・ミッテランは一九八九年に、ギ・エブラールとペラフィット上院議員の二人に報告書作成を託した。その結論は一九九〇年に公刊された。あいかわらず存在するある種の悪弊がそこでは明快に述べられていた。と同時に、健康づくりのための観光の発展もそこで確認されていた。

したがって、温泉リゾートの振興は時代の趨勢であった。しかし疑いもなく、そしてすでに実現されていた投資にもかかわらず、温泉分野は市場と客の変化に不充分な対応しかできなかった。けれども温泉リゾートが、みずから熱望している発展を成功させたいと望むならば、人口動態の変化と新たな行動に後押しされて、温泉リゾートは提供できるメニューをおおいに変化させなければならないだろう。

結論

人間は何も発明なんかしていない。人間はとても巧みに発見する、つまり理解し説明するんだ、自然に存在するさまざまな力のほんのわずかな一部分を。

マルセル・パニョル[1]、未発表原稿

フランスの温泉療養システムは、つねに反駁されながらも世界中で最も洗練され、最も効率的なものの一つであることに変わりはない。

(1) フランスの劇作家（一八九五〜一九七四年）、庶民的な風刺喜劇で広範な人気を得る。『マリユス』（一九二九年）など。一九四六年、アカデミー・フランセーズ会員〔訳注〕。

受け入れ組織とレジャー組織が、どこでも鉱水利用を指導する高い医学的水準に達しているというわけではないにしても、フランスの温泉リゾートはそこを訪れる人びとの健康状態の改善に向けての保証を与えるということを認めねばならない。

あらゆる医学論争のひそみに倣って、つねに温泉療養は、その影響がはっきりと同定できる論争の対象となってきた。それによって温泉療養の信頼性が向上し、温泉への来訪も増加したのである。

しかし疑いなく、温泉療養にはいわばパストゥールのような人物が欠けている。温泉療養の技術は十九世紀に完璧なものとなったので、もはやこの技術は英雄の学者という名声を持つスターをつくりだすことができなかったのである。この技術が進歩したとしても（そうなれば過ちを認めることになるのだが）、温泉技術は社会通念を動揺させたことは一度もなかった。さらには温泉療養は回復よりも軽減をいっそうの目的としているため、死亡原因に打ち勝つ基本的な発見をただちに認められたわけではなかった。

同様に温泉療養では、その当事者がきわめて分散していることも明らかな弱点である。政府以外に、この問題に関する責任はさまざまな場所に分散し、そのそれぞれが温泉療養にとって必要な解決策の一部分を握っているという状態なのである。

温泉リゾート自体の側では、競争心が健全なライヴァル意識に成熟するところまでいっていない。分裂状態は温泉リゾートから活力の一部を奪い取る形で依然として残っている。

多くの関係者に分かれているこの職業が健全な均質性を持つためには、さらに多くの時間が必要だろう。

しかし温泉リゾートの現実は、経済や医学的証明、成果などとともにそこにあるのである。温泉療養を自然に任せた穏やかな治療法ということだけに限定する人びとは、疲労させて効果を得る治療法が問題なのだということがよくわかっている。

温泉療養を「十九世紀の第二帝政風の豪奢」という時代遅れのイメージに閉じこめることに汲々とする人びとは一方で、この十年来、フランスの一〇〇カ所の温泉リゾートが近代施設に投資しているということもよく知っている。エクス・レ・バンやヴィッテル、ヴィシー、ブリド、ラ・レシェール、モントロン、アルヴァールなどの再生は、社会保障や文化に結びついた二十世紀の温泉療養の成功を物語っている。エクス・マルリオーズに続くアンネヴィルの誕生と、それらの大きな集客力は、近代的で野心的なフランス風の温泉療養の効率性を証明している。

したがって、ヨーロッパの温泉療養の将来を明示するためと同時に、われわれの社会に存在する病気を公衆に伝える単なる情報提供や啓蒙などの活動を越えた真の疾病予防政策をフランスに決定的に導入するためにも、近い将来にはフランスの温泉療養の飛躍のために本気で考慮しなければならないだろう。

この未来にはまた、温泉療養の異論の余地のない医学的成果をさらに改善するために、とくに科学的調査に注がれる努力の継続も含まれている。

われわれの文明全体は、温泉の役割とその純粋さを保護する必要性を意識している。このような時代にあっては、長いあいだ公衆衛生のために分析や利用が行なわれてきた温泉療養が、人生の新たな戦いに勝利するため、基本的な貢献ができるということに、疑いの余地はない。

おそらく、医学は世論から見て、温泉療養によって治療される病気との戦いよりも、もっと深刻な病気との戦いのために、こんにち必要とされているということは認めねばならない。

フランス人の七八パーセントにとって最も恐るべき病気はガンであり、六九パーセントにとってエイズが問題だという。この二つの致死性で近代的な病気は、心臓血管系の疾患〔このほうがガンやエイズよりも遥かに致死性が高いのだが〕よりも三倍近くフランス人を不安に陥れている。

こうした新たな恐怖は政府の活動に何も影響を及ぼさないというわけではない。政府は大衆の人気を保つために流行のキャンペーンを助成している。

毎年公刊される健康白書によって、一九八九年は新たな支出記録が作られたことがわかる。これは五〇〇〇億フラン〔およそ七六二万二〇〇〇ユーロ〕、つまりフランス人一人あたり九〇〇〇フラン〔およそ一三七〇ユーロ〕近い額を超えたのである。

そのような結果は、厚生関連の支出を抑制する戦略が練られる時代には、関心を得られないはずはない。実際そうした結果は、厚生関連の支出の増加が国の富の増加よりも大きいということを証明している。

たぶんフランスの温泉療養の擁護者は、簡単な考察で世論を味方につけることができるだろう。その考察とは、温泉療養費用をわれわれよりも二倍多く支出する隣人のドイツ人が、フランス人の二分の一の薬剤費しか支出していないということである（ドイツでは一人年間八〇〇フラン〔およそ一二〇ユーロ〕であるのに対して、フランスでは一人年間一五九八フラン〔およそ二四〇ユーロ〕にのぼる）。

もちろん両国でメンタリティは異なっているし、計算方法も違っている。しかし事実はここにある。つまりフランス以外のところでは、保健費の支出を減らすことが可能なのだが、だからといって病気にかかりやすくなるということはないのだ。とくに温泉利用による病気予防のおおいなる努力は、間違いなく隣人のドイツ人の功績と考えねばならない。

一九九〇年四月に、オー・ラン県の小村リクサンは村議会の実施した住民投票によって、温泉リゾートになることを拒否した。

この投票によってリクサンの住民は、村の源泉の水質をいささかも再検査するつもりがないことを示したのだった。

この選択は、フランスの温泉療養の運営に少しも痛みを与えることはなかった。経営陣が恐れているのは（とはいえ、それは間違いなのだが）、新たな療養地が発展するのではないかということであり、これは温泉療養の恩恵が増大してそれが皆の利益になることよりも、いくつかの温泉リゾートのあいだで温泉療養の利益を分配するほうを好む後ろ向きの態度である。

ドイツでは、温泉療養リゾートの開発手続きはフランスと同じほど複雑である。この手続きはフランスよりも選択的であるが、それは源泉の開発許可が規則に従って細心の再検査を受ける度合いによっている。しかしながら、数十の町が源泉開発許可が下りるのをじりじりして待っており、既存の温泉療養リゾートは、それら新設リゾートが一人前になるのを助けるために最も活動的となっている。

その他の国々、その他の方法、その他の成果

——われわれの政府は、小さな節約をすることでとりあえず満足して、たいていの場合、それが将来どのような支出につながるかについては無視している。

フランスの温泉療養が、まったくもって模範的な活力で再生した時代にありながら、ある種の行政組織が執拗に温泉療養に反対するという非医学的な障害を受け入れつづけなければならないのだろうか。

行政組織は医学や保健について、いかなる考え方によって、あるときには子供用の温泉療養施設の開設を、またあるときには新たな治療法の認可などを（事実上）禁止する権利を不当に占有できるのだろうか。

どのような正義の名において温泉療養の薬剤が、ずっと長いあいだ、他のどんな薬剤にも適用される付加価値税より三倍も多い付加価値税を課されるのを受忍しなければならないのだろうか。

こうした疑問はこんにちでも解消されていない。それほどこれらの簡単な疑問は、いわば自分たちの

効率性を証明するためにすべてを複雑にするフランスの行政機関の嘆かわしい傾向とコントラストをなしている。

おそらくフランスの温泉療養は、もしフランソワ・ドゥ・クロゼが自分の専門について報告書をまとめることができれば、ヨーロッパ諸国すべてとの競争と、医学からの挑戦に打ち勝つことができるだろう。第十期経済計画委員会の委員長であるドゥ・クロゼは、その原則の大部分を温泉リゾート経済に適用することができるだろう。温泉リゾートの経済もまたフランスの明文化されていない規則に苦しめられているのだ。国は組織を廃止することなくつねに組織を増殖させつづけ、行政機関の最大の目標はすべての住民に奉仕する権利の尊重だということをたいていの場合忘れてしまっている。

こうした重荷にもかかわらず、また温泉療養活動がたいていの場合出会う無関心にもかかわらず、フランスの温泉療養活動は近代化されてから発展している。

たとえば、温泉療養のための機器はほとんどすべてがフランス製で、それらは広範に輸出されているのではないだろうか。

また温泉療養の医学的な側面が、方法においても成果においても最も模範的なのはフランスにおいてではないだろうか。

すべての要素が一致してフランスの温泉療養の発展を擁護している。これは国境の向こう側においてわれわれのように鉱水の質や、温泉利用の経験などに浴していない専門家や病人たちにとっては羨望の的である。

そして当然の結果として、フランスは、温泉療養の最盛期をこれから迎えるのである。

訳者あとがき

本書は、Philippe Langenieux-Villard, *Les stations thermales en France*（Coll. « Que sais-je? » n°229, Paris, P.U.F., 1990）の全訳である。フランスの温泉リゾートについて、ガリア時代から現在に至る通史に加えて、温泉リゾートの経済的側面、ヨーロッパ諸国との比較、現代の問題点などが簡潔に述べられ、フランスの温泉リゾートを総合的に知るための恰好の入門書となっている。

著者のフィリップ・ランジュニュー＝ヴィヤールは一九五五年にパリに生まれ、一九九三年から九七年までフランス南東部のイゼール県（県都グルノーブル）選出の国民議会議員（共和国連合所属）、現在はローヌ・アルプ州の州議会議員。一九九四年からはイゼール県の温泉町アルヴァール・レ・バンの市長も兼務するほか、ローヌ・アルプ州温泉療養・気候療養リゾート連盟の会長でもある。本書以外の著書や論文としては、次のようなものがある。

――『市町村の情報発信』（*L'information municipale*, 1985, P.U.F.）

――『国民議会』（*L'Assemblée nationale*, 1991, Gallimard.（Sylvie Mariage との共著））
――『政治におけるコミュニケーション』（*La communication politique*, 1992, P.U.F.（Sophie Huet との共著））
――「ローヌ・アルプ州の経済力」『カイエ・エスパス』誌、第四三号（« Une force économique pour la région Rhône-Alpes », Cahier Espaces, n°43, Editions ESPACES, 1995）
――「ローヌ・アルプ州の温泉療養の新たな活力に向かって」『カイエ・エスパス』誌、第七二号（« Vers une nouvelle dynamique pour le thermalisme rhônalpin », Cahier Espaces, n°72, Editions ESPACES, 2001）

近代において、そもそもリゾート（フランス語ではスタスィオン）なるものは、温泉システムの革新とともに誕生した。イギリス南西部の温泉町バースで、十八世紀初頭に行なわれた温泉療養システムの改革と都市計画によって、一躍この町はイギリス随一の貴顕の集う社交リゾートとなった。それまで湯治といえば飲用にせよ入浴にせよ、苦役のように思われていたものが、療養という基本的部分を残しながらも、古代ローマ風の都市計画によって再整備された空間のなかで、春から夏にかけてランティエ（金融資産や土地資産などからの「不労所得」を収入源とする階層）たちの集う一大社交シーズンに変貌したのであった。

しかし、温泉リゾート整備がバースのみならずタンブリッジ・ウェルズなどイギリス国内で増加するにつれて、大陸諸国でもベルギーのスパーを初めとして、イギリスを範とする社交的温泉リゾートが増加する。その背景には十八世紀から強力な医学的言説の支持を得た「水治療」の実践という大義名分があった。医師は日々の健康管理というよりは、病や虚弱体質を治療するために転地療養を勧めた。裕福な「病弱者」は、まずは温泉町に、ついで十八世紀半ばからは海辺にも滞在し、社交生活を繰り広げたが、温泉も海水浴もいずれもが「水治療」の実践を口実としていたのである。

フランスの温泉リゾートは十九世紀後半、とくにナポレオン三世の第二帝政のもとで、鉄道の発達と産業革命の進行によるランティエの増加にも助けられて増加する。現在にまで残る温泉町の華やかなイメージが形成されたのはこの時代からである。現代の温泉療養リゾート群は、地理的にいって以下の四つの大きなグループに分類されるが（追加図版Ⅰを参照）、そのあらかたが単なる温泉街や温泉町から温泉リゾートに変貌したのがこの時代なのである。まずピレネー地方の温泉療養リゾート（ダクス、バニェール・ドゥ・ビゴール、コートゥレ、リュション、エクス・レ・テルムなど）、ついで中央山岳地帯の温泉療養リゾート（ル・モン・ドール、ラ・ブルブール、ロワイヤ、シャテルギュイヨン、ヴィシー、ネリス、プーグ・レ・バンなど）、それからアルプス地方の温泉療養リゾート（ディヴォーヌ、エヴィアン、エクス・レ・バン、ユリナージュなど）、最後に東部のドイツやスイスとの国境のヴォージュ山脈やジュラ山脈の温泉療養リゾート（ブルボーヌ・レ・バン、プロンビエール、リュクスイユ、ヴィッテル、コントレクセヴィル、サラン・デュ・ジュラなど）。これら四大分類にウエスト地方やノール地方（バニョール・ドゥ・ロルヌ、フォルジュ・レゾー、サンタマン・レゾー）、モンターニュ・ノワール（バラリュック、ラマル）、プロヴァンス（エクサン・プロヴァンス、グレゥーなど）などの地方の温泉療養リゾートを付け加えることができる。

ついで二十世紀の世界大恐慌によって温泉リゾートの主たる客層であったランティエが姿を消し、いよいよブルジョワジーが観光の全面に躍りでてくる。しかし、一九三〇年代末に勃発した世界大戦によって、十九世紀までの温泉療養システムには決定的な終止符が打たれる。

戦後に登場し、現代にも引き継がれている温泉療養のシステムは、社会保障制度に組み込まれた医学的処方としての療養滞在である。戦前までの、裕福な階層による社交空間としての温泉リゾートは、医師の処方さえあれば誰でも費用の払い戻しを受けられる医学的療養システムによって再生し、いわば「大衆化」した。しかし戦後の温泉療養は、社会保障制度に組み込まれた必然的な結果ともいえるが、もっぱら医学的側面が強調され、温泉リゾートにおける観光という伝統的な側面が閑却されたのも事実である。病気療養という太古からの温泉利用の形態が、社交リゾートという観光面に大きく傾斜した時期を経て、いままた本来の病気療養という形態に回帰したともいえるが、医療行為として処方される温泉療養は長期（三週間）にわたるため、療養者数が伸び悩む傾向を持った。そのため、各温泉リゾートは医学的療養以外に、個人的な健康管理やちょっとした愉しみのための温泉利用をすすめ、エステや痩身、ダイエット、美食、健康づくり、スポーツなどと組み合わせたメニューを用意し、ヴァカンスのいっそうの多様化を提案している。また、チェーン化やグループ化によって効率的な発展を目指すところも出てきた。本書は政治家の目から執筆されているので、とくに後半部分、温泉リゾートが地域経済活性化に果たす役割、諸外国との比較のなかでフランスの温泉リゾートの取るべき道などの示唆がちりばめられている。実務家ならではの指摘だといえよう。

本書の刊行は一九九〇年なので、最近の数字をいくつか挙げて補足としよう（各州別の数字について追加図表Iを参照）。二〇〇二年には、温泉療養とタラソテラピー（フランスの統計では両者は一つとして扱われることがある）の分野では一三〇以上の企業が活動し、従業員は総計六〇〇〇人、売上高は三億七七〇〇万ユーロ、付加価値は二億一〇〇〇万ユーロ。一〇大企業が売上高の半分以上を占めている。ちなみに一〇大企業は順不同で、アンネヴィル温泉センター、ソレイユ温泉チェーン、ユージェニー・バン・ミシェル・ゲラール社、ユリナージュ温泉センター、フランス・テルマル、ブリド・エ・サラン温泉施設会社、バニョール・ドゥ・ロルヌ温泉（以上温泉リゾート）タラメール社、タラキャプ、タラス・アルモール（以上タラソテラピーセンター）。温泉療養だけについてみると、二〇〇二年の療養者は五四万人あまりであった。

娯楽や行楽の一大要素として観光活動に大きな比重を占めているわが国の温泉と、基本的には医学的な温泉療養が主流の現代のフランスでは好対照の温泉文化の姿を見る思いがする。しかし、本書中でも指摘されているが、フランスの温泉はこれから短期滞在で健康志向・娯楽目的の温泉利用に向かう傾向が大きくなるように思われる。そのため温泉リゾートは、あの手この手で国内客はもとより外国人客に対する働きかけを行なっている。また各リゾートや観光協会のホームページにはたいていの場合英語版も用意されているが、たとえば九八年のサッカーW杯フランス大会において日本選手団が合宿した温泉町として日本でも知られるようになったエクス・レ・バンのように、日本語版のホームページを開設しているところもある（巻末のウェブサイト集を参照）。フランスの温泉リゾートに興味を持たれた方はご覧になってはいかがだろうか。一括りに温泉と呼ばれるものの、彼我の温泉に対する利用法や考え方の相違、ひいてはリゾートというもののコンセプトの違いが鮮やかに浮かび上がるかもしれない。

本書では地図類の掲載がなかったので、視覚的な理解を助けるために、フランスの主要温泉リゾートとタラソテラピーセンターの地図を新たに作成したほか、本書の刊行年が一九九〇年であることを考慮して、できるだけ現在に近いデータを提示すべく、観光局が発行する『観光要覧』のなかから二〇〇二年の各州別のリゾート数と療養者数を示した表を挿入した。

本書が上梓されるについては、白水社編集部の中川すみ氏に大変お世話になりました。ここに深く感謝を申し上げます。

二〇〇六年十月　信州の寓居にて

成沢広幸

ル・トゥーケ
サンタマン・レゾー
ディエップ
フォルジュ・レゾー
トゥルーヴィル
アンネヴィル
モンブロン・レ・バン
ロスコフ
グランヴィル
アンギャン
ヴィッテル
サン・マロ
バニョール・ドゥ・ロルヌ
コントレクセヴィル
プロンビエール
ドゥアルヌネ
ブルボーヌ・レ・バン
バン・レ・バン
リュクスイユ
キブロン
サラン・レ・バン
ラ・ボール
サントノレ・レ・バン
サントゥネ
ロン・ル・ソーニエ
ラ・ロシュ・ポゼ
ブルボン・ランスィ
ディヴォーヌ
エヴィアン
ブルボン・ラルシャンボ
ネリス
ヴィシー
トノン・レ・バン
ロシュフォール
シャテルギュィヨン
シャルボニエール
エクス・レ・バン
ジョンザク
ロワイヤ
ラ・ブルブール
サン・ネクテール
ブリドゥ・レ・バン
ル・モン・ドール
シャール・レゾー
アルヴァール
ユリナージュ
アヴィニャック
ヴァル
バルボタン
ディーニュ
ダクス
グレウー・レ・バン
ベルトゥモン
アングレ
ユージェニー・レ・バン
ラマルー
エクサン・プロヴァンス
サリ
カプヴェルヌ
サン・ラファエル
ビアリッツ
バニェール・ドゥ・ビゴール
サント・マリ・ドゥ・ラ・メール
トゥーロン
イエール
カップ・ダグド
カンボ・レ・バン
アルジュレス
コートゥレ
リュション
アクス・レ・テルム
モリトゥ
ヴェルネ
アメリ・レ・バン
コリウール
ポルティスィオ
♨=温泉リゾート
▲=タラソテラピーセンター

追加図版 I
フランスの主要温泉リゾートとタラソテラピーセンターの分布図

追加図表Ⅰ　州別温泉リゾート数と治療者数（2002年）

営業リゾート数		州名	18日間の療養（社会保障の対象）		その他の療養	温泉療養全体	
順位	数		療養者数	療養日	療養日	療養日	順位
1	16	ローヌ・アルプ	92,777	1,669,986	86,140	1,756,126	1
2	15	ミディ・ピレネ	66,440	1,195,920	131,597	1,327,517	4
3	13	ラングドック・ルシオン	90,054	1,620,972	38,673	1,659,645	2
4	10	オーヴェルニュ	52,514	945,252	41,906	987,158	5
5	8	アキテーヌ	85,261	1,534,698	34,438	1,569,136	3
6	5	ロレーヌ	26.346	474,228	79,904	554,132	7
7	4	ポワトゥー・シャラント	28,835	519,030	16,504	535,534	8
7	4	プロヴァンス・アルプ・コートダジュール	40,818	734,724	18,016	752,740	6
9	3	フランシュ・コンテ	4,450	80,100	2,199	82,229	16
10	2	アルザス	6,354	114,372	—	114,372	14
10	2	ブルゴーニュ	6,618	119,124	1,925	121,046	12
10	2	（海外県・海外領土）	9,072	163,296	24,494	187,790	11
13	1	バス・ノルマンディー	11,623	209,214	5,405	214,619	10
13	1	シャンパーニュ・アルデーヌ	11,516	207,288	7,416	214,707	9
13	1	コルシカ	198	3,564	36	3,600	18
13	1	イル・ドゥ・フランス	6,096	109,728	9,051	118,779	13
13	1	リムーザン	2,518	45,324	1,319	46,643	17
13	1	ノール・パ・ドゥ・カレー	5,580	100,440	8,511	108,951	15
計	90		547,070	9,847,260	507,537	10,354,797	

（備考：ブルターニュ，サントル，ペイ・ドゥ・ラ・ロワール，ピカルディーの4州には温泉リゾートは存在しない．）

『観光要覧 2003』（観光局，2003年）126頁から作成．

参考文献

Clébert (J.-P.), *Guide de la France Thermale. (stations thermales, thalassothérapie, villes d'eaux, cures, distractions)*, Paris, P. Horay, 1974, 200 p.

Cluzel (Jean), *Les pouvoirs publics et le thermalisme*, Paris, LGDJ, 1983, 356 p.

Codes des communes (et textes annexes), Paris, Berger-Levrault, 1985 (mise à jour 1er mars 1985), 574p.

Duhot (E.), Fontan (M.), *Le thermalisme*, Paris, PUF, 1972, 128 p.

Ebrard (G.), *Le thermalisme en France, situation actuelle et perspectives d'avenir*, Paris, La Documentation française, 1981, 170 p.

Flurin (R.), La Tour (J. de), *Mieux comprendre les cures thermales*, Paris, Expansion scientifique française, 1986, 96 p.

Guides du thermalisme aux sources de la santé, Paris, 1986, 320 p,

Guitard (E.-H.), *Le prestigieux passé des eaux minérales : histoire du thermalisme et de l'hydrologie des origines à 1950*, Paris, Société d'Histoire de la Pharmacie, 324 p.

Institut français d'Architecture. Grenier (L.) (sous la dir. de), *Villes d'eaux en France*, Paris, Ed. Institut français d'Architecture, 1984, 400 p.

Jamot (Chritian), *Thermalisme et villes thermales en France*, Lille, ANRT, 1987, microfiches (Clermont-Ferrand, thèse de géographie, 86 CLF 2 0001).

Jean (André), *Villes d'eaux et thermalisme*, Paris, Hachette, 1962, 64 p. (« Encylopédie par l'image »).

Katz (G.), Maurin (A.), *Santé et thermalisme. Comment prévenir et guérir les maladies du corps et de l'esprit par les cures thermales (externes et internes)*, Saint-Jean-de-Braye, Ed. Dangles, 1988, 208 p.

Lance (P.), *Le thermalisme pratique. Guide*, Paris, 1987.

Le thermalisme en France, Pau, Publi-Pyrénées, 1974, 114 p.

Orsenna (E.), Terrasse (J.-M.), *Villes d'eaux*, Paris, Ramsay « image », 1981, 142 p.

Pagotto (Nicole), *Le thermalisme à Aix-les-Bains au XIXe siècle : 1783-1914*, Chambéry, Centre universitaire de Savoie, Institut d'Etudes savoisiennes, 1975, 118 p.

Paulin (Catherine), *Importance du thermalisme et du climatisme en France. Opportunité et nécessité d'un crédit thermal*, Paris, L'Expansion scientifique française, 1949, 114 p. (Paris, thèse).

Université de Toulouse, Institut d'Etudes internationales et des pays en voie de développement. Colloque, 1972, *Expansion du thermalisme et du climatisme : objectif : 2 millions de curistes*, communications du colloque, 9-10 novembre 1972, préf. de P. Vellas, Paris, Dunot, 1974, 124 p.

Veraldi (G.), *Les cures, leurs trois aspects, psychologique, pratique et juridique*, Paris, Denoël, 1970, 254 p.

Veraldi (G.), Guérir par l'eau, Paris, Seghers, 1977, 312 p.

Wallon (Armand), *La vie quotidienne dans les villes d'eaux, 1850-1914*, Paris, Hachette, 1981, 350 p. (« La vie quotidienne »).

Le thermalisne des années 80, *Administration (Paris)*, n° 181, avril 1986, p. 7-54.

邦語参考文献
（訳者による）

オットー・グラウス著『ヨーロッパの温泉保養地』（小室克夫訳），集文社，1987年.
アルヴ・リトル・クルーティエ『水と温泉の文化史』（武者圭子訳），三省堂，1996年.
アラン・コルバン『レジャーの誕生』（渡辺響子訳），藤原書店，2000年.
望月真一『フランスのリゾートづくり　哲学と手法』，鹿島出版会，1990年.
ギ・ドゥ・モーパッサン『モントリオル』（桜井成夫訳），『モーパッサン全集』第1巻所収，春陽堂書店，1965年.
山田登世子『リゾート世紀末』，筑摩書房，1998年.
山村順次『世界の温泉地』，大明堂，1990年.

参考ウェブサイト
（2006年10月現在）

おもな温泉チェーンおよび団体

オーヴェルニュ・テルマル　http://www.auvergne-thermale.tm.fr/
ソレイユ温泉チェーン　http://www.cts-groupe.com/
ヨーロッパ温泉案内　http://www.thermes.org/
ユーロテルム　http://www.eurothermes.com/
テルマリ〔見本市〕　http://www.thermalies.com/
テルマエ　http://www.thermae.fr/

おもな温泉リゾート（観光協会などを含む）

アメリ・レ・バン　http://www.amelie-les-bains.com/
アンギャン　http://www.ville-enghienlesbains.fr/
アンネヴィル　http://www.amneville.com/
ヴァル・レ・バン　http://www.vals-les-bains.com/
ヴィシー　http://www.vichy-thermes.tm.fr/
ヴィッテル　http://www.ville-vittel.fr/vittel/sites/vittel/fr/accueil
エヴィアン　http://www.evian.fr/
エクサン・プロヴァンス　http://www.thermes-sextius.com/
エクス・レ・バン　www.thermaix.com
エクス・レ・バン（日本語）　http://www.aixlesbains.com/japonais/index.html
カンボ・レ・バン　http://www.cambo-les-bains.net/

グレウー・レ・バン　http://www.greoux-les-bains.com/
コートゥレ　http://www.thermesdecauterets.com/
コントレクセヴィル　http://www.contrex-minceur.com/
サン・ジャン・ドゥ・モン　http://www.thermes-st-jean.com/
サンタマン　http://www.saint-amand-les-eaux.fr/home.cfm
ディーニュ・レ・バン　http://www.ot-dignelesbains.fr/
ダクス　http://www.ville-de-dax.fr/
トノン・レ・バン　http://www.thononlesbains.com/
ネリス・レ・バン　http://www.ville-neris-les-bains.fr/
バレージュ　http://www.bareges.com/
バン・レ・バン　www.ot-bains-les-bains.fr
ブルボーヌ・レ・バン　http://www.bourbonne-thermes.fr/
プロンビエール　http://www.plombieres-les-bains.com/
モリトゥ・レ・バン　www.molitg.com
ユリナージュ　www.uriage-les-bains.com
ラマルー・レ・バン　http://www.ot-lamaloulesbains.fr/
ル・ブールー　http://www.ot-leboulou.fr/
ル・モン・ドール　http://www.mont-dore.com/
リュション　http://www.luchon.com/
ロワイヤ　http://www.royat-chamalieres.com/

訳者略歴
一九五七年長野県生まれ
一九八一年信州大学人文学部卒業
一九九〇年広島大学大学院文学研究科博士課程後期単位修得退学
現在、長崎国際大学、宮城大学の非常勤講師
主要著訳書
『現代社会とツーリズム』（共著、東海大学出版会）
『グリーン・ツーリズムの潮流』（共著、東海大学出版会）
マルク・ボワイエ『観光のラビリンス』（法政大学出版局）

フランスの温泉リゾート

二〇〇六年一一月一日印刷
二〇〇六年一一月二五日発行

訳者 © 成《なる》沢《さわ》広《ひろ》幸《ゆき》
発行者 川村雅之
印刷所 株式会社 平河工業社
発行所 株式会社 白水社

東京都千代田区神田小川町三の二四
電話 営業部〇三（三二九一）七八一一
編集部〇三（三二九一）七八二一
振替 〇〇一九〇―五―三三二二八
郵便番号一〇一―〇〇五二
http://www.hakusuisha.co.jp
乱丁・落丁本は、送料小社負担にてお取り替えいたします。

製本：平河工業社

ISBN4-560-50906-9

Printed in Japan

文庫クセジュ

歴史・地理・民族(俗)学

文庫クセジュ

769 中国の外交
781 カルタゴ
782 カンボジア
790 ベルギー史
791 アイルランド
806 中世フランスの騎士
810 闘牛への招待
812 ポエニ戦争
813 ヴェルサイユの歴史
814 ハンガリー
815 メキシコ史
816 コルシカ島
819 戦時下のアルザス・ロレーヌ
823 レコンキスタの歴史
825 ヴェネツィア史
826 東南アジア史
827 スロヴェニア
828 クロアチア
831 クローヴィス
834 プランタジネット家の人びと
842 コモロ諸島
853 パリの歴史
856 インディヘニスモ
857 アルジェリア近現代史
858 ガンジーの実像
859 アレクサンドロス大王
861 多文化主義とは何か
864 百年戦争
865 ヴァイマル共和国
870 ビザンツ帝国史
871 ナポレオンの生涯
872 アウグストゥスの世紀
876 悪魔の文化史
877 中欧論
879 ジョージ王朝時代のイギリス
882 聖王ルイの世紀
883 皇帝ユスティニアヌス
885 古代ローマの日常生活
889 バビロン
890 チェチェン
896 カタルーニャの歴史と文化
897 お風呂の歴史
898 フランス領ポリネシア

文庫クセジュ

社会科学